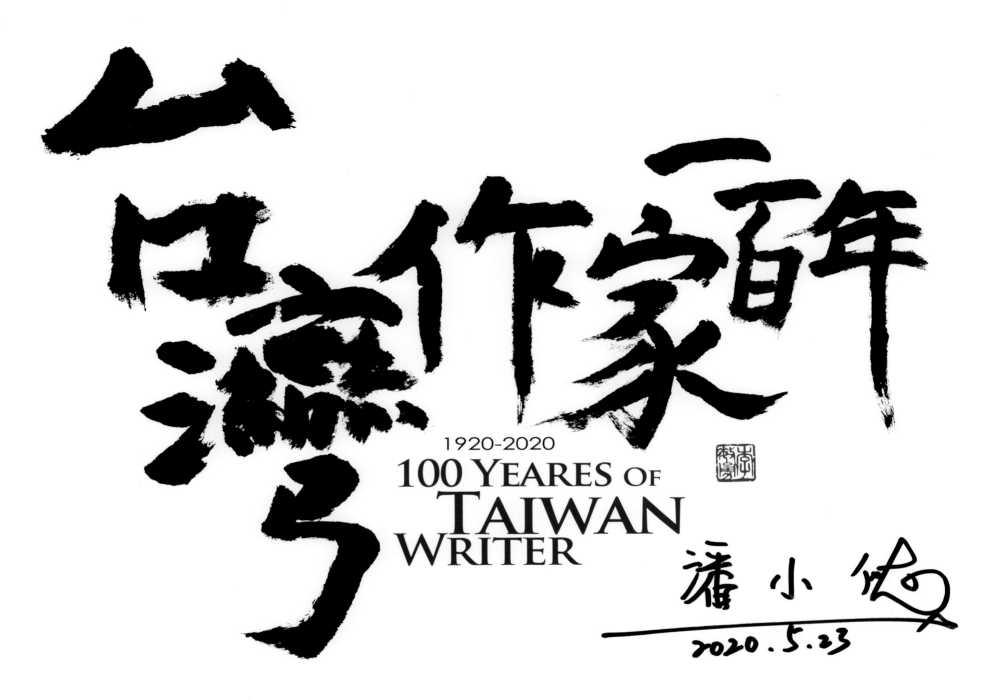

1920-2020
100 YEARES OF
TAIWAN
WRITER

潘 小 俠
2020.5.23

潘小俠攝影造像簿
PAN HSIAO HSIA'S PORTRAIT MAKING

攝影家之眼，作家之顏

序 潘小俠《台灣作家一百年》

台灣的新文學開始於日治時期，以漢語與日文併行出發。前者帶有漢民族言語條件；後者則是日本殖民的歐洲新文化影響。日治五十年，以日文書寫的台灣新文學幾乎多於漢語台灣新文學，這是因為特殊歷史構造的文化因素所致。甚至台灣的左傾化、抵抗作家，也以日文作為表述符號、創作工具。同為被日本殖民的朝鮮作家也一樣。

二戰結束，朝鮮獨立，旋即因韓戰而分裂為南韓、北朝鮮，走出戰後韓國文學新歷史。台灣則因為未選擇獨立，而被代表盟軍接收的國民黨中國，進占統治。一九四七年，發生二二八事件，許多知識分子、文化人被屠殺。並在中國另立中華人民共和國而成為共中國後，成為流亡來台、中華民國的黨國。日治時期台灣本土的新文學作家，在被語言跨越和跨越語言的情境中，從日語而中文繼續走在新文學之路，歷經折磨和挫折。戰後的台灣文學史因而是雙重構造的精神史。

跨越語言的台灣作家和跨越海峽的中國來台作家，共同歷經一九五年代白色恐怖，走過困阨的時代。台灣從戒嚴長時期走向解嚴民主化，雙重構造精神史在政治與文化變遷的社會動向，走向多元繽紛。時代與世代交錯，現代與現實互映，本土與世界並陳。

但，相對於經濟發展，文化相對不被重視。重經濟、輕文化，惑於政治的戰後台灣，作家相對被邊緣化，成為國民眼中陌生的人們。經濟是台灣社會的肉體，文化是心靈。就如同物質與精神，不能偏廢。任何進步的文明國家，都關注、重視近現代國民意識和生活的文化教養，文學是藝術的重要成份，認識作家，進而讀作品，或讀作品，進而認識作家，成為國民性養成的路程。

潘小俠繼《台灣美術家一百年》2009年、《白色烙印人權影像》2015年、《見證228》的歷史人物影像專書之後，推出《台灣作家一百年》攝影書籍，再以他的攝影家之眼為台灣文學史造像。作為一個影像家，如此專注捕捉台灣多面向歷史人物的容顏，可以說無出其右。

人物是歷史的主角，歷史是人物的故事，他的(History)故事，或她(Herstory)的故事，交織事與物，在時間的演變中形構軌跡，拓印人類社會的光影。國家或民族的演化，推進過程在光影中顯現，人常常是光影的焦點，與觀照的視點對映，形成對話。

比起文字的敘述，影像捕捉的作家之顏更能彰顯作家之貌，這就是為什麼日本或韓國的期刊雜誌書籍常見人物之顏的專欄，刊出攝影家的人像顯影，無須以文字描述，一張照片，一幅影像，一個人物的形貌在光影中彷彿千言萬語的訴說，閱讀者看影像，在進行對話。

日本、韓國是出版與閱讀相對更受到重視的東亞國家，國民常從期刊雜誌書籍的人物之顏認識各種領域的人物形貌。作家在他們國度的地位受到重視，就如同他們國度的期刊雜誌書籍在國民閱讀中的熱絡程度。

相對來說，台灣各種領域的作家——在某些國度，各種藝術文學的創作者會被以作家看待——囿於傳播條件，不像影藝、政治人物受到矚目，特別是不同領域的作家、詩人、小說家、評論家的社會光環薄弱，大多數國民對作家之顏是陌生的，也因此對於作家，不管是他的故事或她的故事缺乏親近感，連帶的形成閱讀的貧乏。

潘小俠的開麥拉之眼，從美術家之顏，關注到白色恐怖烙印下的人權形貌，關懷了228受難者，他把視點放在台灣作家，幾年來的努力，他的攝影造像每已構成「台灣作家」、「台灣政治受難者作家」、「台灣原住民作家」，超過一百位，形塑了《台灣作家一百年》的台灣作家之顏。

與潘小俠幾乎同時代走過台灣民主化、自由化，延續台灣主體文化的墾拓之路，很榮幸在他的邀約之下，為他這一冊以影像留存歷史，捕捉台灣作家之顏的書冊，題序為記。

詩人‧評論家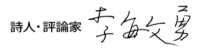

為「台灣的心」造像
序 潘小俠攝影集《台灣作家一百年》

繼2005出版攝影集《台灣美術家一百年（1905～2005）》之後，曾獲第40屆吳三連獎的攝影家潘小俠精益求精，再以這本《台灣作家一百年》(1920～2020)展現他人物攝影的精湛功力；同時也以他長年追蹤、尋訪分散各地台灣作家的驚人毅力，透過快門，為百年以來辛勤筆耕的130位台灣作家造像，他從日治時期作家，拍到21世紀仍活躍的作家，終於完成這部作家影像版的「影像台灣文學史」。

台灣新文學起於1920年代，走過日治時期的艱困開拓，從賴和以降的眾多台灣作家，無論以漢文、日文或台文書寫，都為台灣新文學的開展做出了貢獻；也為其後繼起，在國民黨戒嚴統治時期和解嚴後的作家樹立了書寫的典範。戰後因為228事件的摧殘，又因1949年國民黨政府戒嚴令的頒布，以及隨後白色恐怖的統治，導致台灣日治時期作家的凋零，本土文學傳統的重挫。然而台灣作家愈挫愈奮，終能走過漫漫長夜，以他們的作品在不同的年代紀錄了台灣社會的集體記憶；也以他們的筆尖，通過他們的心，開創了顏彩繽紛、內容多樣的文學經典。

從1920年代至今，轉眼百年，為數眾多的台灣作家卻未必為台灣社會所熟知，他們嘔心瀝血的作品也未必為台灣讀者所閱讀，這毋寧是台灣社會的損失。直到1987年葉石濤出版《台灣文學史綱》，台灣文學的發展脈絡方才有了鮮明的紋理；1997年真理大學成立台灣文學系後，各大學院校跟進，台灣文學方才進入學院，成為被研究的學術領域。這麼多年來，出版界雖也有「作家影像」攝影集的出版，但為數不多，所收作家有限。因此，潘小俠這部攝影集《台灣作家一百年》的出版，更是彌足珍貴。他以文學史的視角，透過黑白分明的影像，凸顯出了百年來眾多台灣作家的心靈世界；他以一個攝影家的凝視，讓我們看到了走過不同年代，來自不同族群的各個世代的作家的臉容，從而也讓我們對百年台灣文學的書寫者有了更深刻的直擊。

與文學史家觀照的角度稍有差異的是，在這部攝影集中，潘小俠特意標舉「政治受難者作家」與「台灣原住民作家」兩個創作社群。「政治受難者作家」社群收入17位白色恐怖時期遭到政治迫害，被關押牢籠的作家群像，這與潘小俠早自1980年代在自立報系工作期間採訪「政治犯」的經驗有關，也是他在2009年出版攝影集《白色烙印1949-2009人權影像》的延續；「台灣原住民作家」社群收入23位原住民族各族老中青作家，則和他長期關注原住民族，拍攝過《不知為誰而戰》、《部落最後印記》、《回家的夢》等原住民族紀錄片有關。政治受難作家與原住民族作家的標舉，讓我們看到較不為主流文學史關注的作家，潘小俠以鏡頭補了百年台灣作家群像的缺口。

比較遺憾的，但也無可奈何的是，這部攝影集所收日治時期出發的作家比較有限，僅有郭水潭、龍瑛宗、巫永福、王昶雄、陳千武、葉石濤等人，賴和、楊逵、呂赫若、張文環……等日治作家群均無法收入，這當然和潘小俠「其生也晚」有關。1954年生的潘小俠，開始他的攝影志業始於1980年代，特別是他進入自立報系擔任攝影記者之後，當時日治時期作家已凋零殆盡，他能留下部分作家當年的影像，已屬不易。

作為潘小俠服務於自立報系時的同事，又是台灣文學的耕耘者之一，我很高興能先一覽這部歷經多年拍攝、南北奔波方才完成的攝影集《台灣作家一百年》，並為他以攝影家的凝視之眼，觀看台灣作家之心的壯舉喝采。2017年吳三連獎頒給他的〈得獎評定書〉高度肯定他：

　始終以攝影持續關注台灣土地與社會運動，歷時35年而不輟，其毅力與精神對台灣史的貢獻卓著，

　特別是原住民以及白色恐怖/二二八受難者的紀錄，彌補了歷史記載的缺憾。

《台灣作家一百年》的出版，為作家之為「台灣的心」造像，可說進一步彌補了台灣作家在台灣影像史中缺席的缺憾。

向陽

台灣作家一百年（1920-2020）

潘小俠攝影造像簿

作家影像，計畫攝影對象以榮獲歷年吳三連獎（40屆）、國家文藝獎（20屆）文學獎得主為主要的參考名單。像作家用筆寫歷史，畫家用畫筆畫歷史，攝影家用相機記錄歷史，這本攝影書籍的意義是記錄台灣百年來作家的風貌及文學歷史的鏡位。

《台灣作家一百年》

一、戰前

郭水潭、龍瑛宗、巫永福、王昶雄、周夢蝶、陳千武、林亨泰、林良、鍾肇政、杜潘芳格、羅門、蓉子、洛夫、張默、鄭清文、李喬、黃娟、黃春明、趙天儀、林宗源、白先勇、隱地、白萩、李魁賢、岩上、陳若曦、謝里法、黃文雄、張良澤、雷驤、劉靜娟、張曉風、鍾鐵民、杜國清、喬林、吳晟、施叔青、季季，38位。

二、戰後

曾貴海、汪其楣、黃勁連、藍淑貞、張炎憲、李敏勇、陳芳明、康原、鄭烱明、江自得、陳明台、莫渝、廖輝英、陳耀昌、林瑞明、郭成義、陳鴻森、馮青、楊敏盛、林雙不、廖玉蕙、羊子喬、古蒙仁、李勤岸、陳銘磻、李昂、李筱峰、宋澤萊、陌上塵、利玉芳、林文義、平路、吳錦發、向陽、林央敏、鍾喬、莊華堂、方梓、劉克襄、路寒袖、廖鴻基、方耀乾、江文瑜、簡媜、楊翠、蔡素芬、江元慶、鴻鴻、郝譽翔、曾郁雯、吳音寧、胡長松，52位，合計共90位。

三、政治受難者作家

高一生、史明、柏楊、鍾逸人、葉石濤、柯旗化、胡子丹、陳映真、姚嘉文、楊青矗、劉峰松、王拓、呂秀蓮、林樹枝、洪惟仁、陳列、楊碧川，共17位。

四、原住民作家

黃貴潮、陳英雄、伐依絲・牟固那那、奧崴尼・卡勒盛、阿道・巴辣夫、孫大川、莫那能、卜袞、浦忠成、夏曼・藍波安、根阿盛、瓦歷斯・諾幹、巴代、里慕伊・阿紀、啟明・拉瓦、達德拉凡・伊苞、馬紹・阿紀、利格拉樂・阿𡩋、董恕明、李永松、亞榮隆・撒可努、乜寇・索克魯曼、沙力浪，共23位。

台灣作家一百年（1920-2020）潘小俠攝影造像簿已完成130位作家，

這是記錄台灣百年作家，歷史與文學的風貌與容顏。

這計畫進行至今，而前輩作家相繼凋零，這本作家造像簿之完成出版，目的就是向台灣前輩台灣作家最高致敬。

台灣作家一百年1920-2020潘小俠攝影造像簿的誕生，首先感謝：

序文：李敏勇、向陽、陳銘城、林文義、孫大川。

撰文：莫渝、莊華堂、葉益青、邱奕嵩、瓦利歷・諾幹。

文字統編：陳敬介、美術編輯：石朝旭、及鄭南榕基金會、鄭清華、余之堯、蕭淑如和曾文邦等人鼎力相助。

潘小俠

台灣作家一百年
台灣作家
100 YEARE OF
TAIWAN
WRITER

潘小俠攝影造像簿
PAN SHIA'S PORTRAIT MAKING

台灣作家一百年
政治受難者作家
100 YEARE OF
TAIWAN
WRITER

黃貴潮 232

陳英雄 234

伐依絲・牟固那那 236

奧崴尼・卡勒盛 238

阿道・巴辣夫 240

孫大川 242

莫那能 244

卜袞 246

浦忠成 248

台灣作家一百年
原住民作家
100 YEARE OF
TAIWAN WRITER

夏曼・藍波安 250

根阿盛 252

瓦歷斯・諾幹 254

巴代 256

里慕伊・阿紀 258

啟明・拉瓦 260

達德拉凡・伊苞 262

馬紹・阿紀 264

利格拉樂・阿𡠄 266

董恕明 268

李永松 270

亞榮隆・撒可努 272

乜寇・索克魯曼 274

沙力浪・達岌斯菲芝萊藍 276

潘小俠攝影造像簿
PAN SHIA'S PORTRAIT MAKING

台灣作家一百年
臺灣作家
100 YEARE OF
TAIWAN
WRITER

郭水潭	趙天儀	施叔青	陳鴻森	林央敏
龍瑛宗	林宗源	季季	馮青	鍾喬
巫永福	白先勇	曾貴海	楊敏盛	莊華堂
王昶雄	隱地	汪其楣	林雙不	方梓
周夢蝶	白荻	藍淑貞	廖玉蕙	劉克襄
陳千武	李魁賢	張炎憲	羊子喬	廖鴻基
林亨泰	岩上	李敏勇	古蒙仁	路寒袖
林良	陳若曦	陳芳明	李勤岸	方耀乾
鍾肇政	謝里法	康原	陳銘磻	江文渝
杜潘芳格	黃文雄	黃勁連	李昂	簡媜
羅門	張良澤	鄭烱明	李筱峰	楊翠
蓉子	雷驤	江自得	宋澤萊	蔡素芬
洛夫	劉靜娟	陳明台	陌上塵	江元慶
張默	張曉風	莫渝	利玉芳	鴻鴻
鄭清文	鍾鐵民	廖輝英	林文義	郝譽翔
李喬	杜國清	陳耀昌	平路	曾郁雯
黃娟	喬林	林瑞明	吳錦發	吳音寧
黃春明	吳晟	郭成義	向陽	胡長松

文學：留影的真情

記憶，往事不如煙。

30年前的臺北濟南路午後陽光靜靜的斜入報社臨街的二樓－－長排辦公桌上，攝影組坐著長髮披肩的：潘小俠。

攤開展示、挑選、抉擇可能是明天合宜見報的黑白照片，那莊重、專注的神情如此動人。

而後的不幸，報社被政治力瓦解了，曾經懷抱希望這夜暗的島國終得可見黎明天光的理想追尋也全然幻滅。

潘小俠安靜的渡海去到多年熟悉的達悟人島鄉：蘭嶼。

他的相機沒有停歇留影，關懷弱勢的大愛以及土地、人民、歷史的情感；

此後的歲月悠悠、生命所承受的輕與重、悲傷和孤獨、歡樂及其快意，都因為攝影幾達一生的堅持，獲得應許的救贖。

白色恐怖、二戰高砂義勇兵、臺灣美術家百年群像、社會底層的漂流人感同身受，悲歡相與，

這是潘小俠人格即風格的：真情實意。

如何呈現百位臺灣作家的身影？不止是文學，史料記載更是為這百年來，

我們生死與之的島國留下多少悲歡離合的描寫？潘小俠有他的美學觀點，

作家如同大植物園各種花樹，多彩且繁複，他與她都是追夢人…。

相信此一作家影像計劃的先前作業，潘小俠讀了即將入鏡的作家著作、生活習性、風格與文體構成的風華和典型。按下相機快門那一刻，攝影家在想些什麼？相對彼此面對面接觸、溝通，不論早就熟稔或素面初見，是作家未來將寫下被留影的記憶或攝影家收攏以文字表達真情的剎那？微笑、靜思、沉鬱……潘小俠一定明白猶如作品特色就是其人的異質風格；不止是為人文留影更是潘小俠向臺灣文學的由衷致意。

文字留夢，攝影寫實，一切都在不言中，悄然的安靜之間，作家面向攝影鏡頭，那一刻最是神性般的莊嚴。

讓我私下回憶30年前相與夜酒的美麗時光吧，淡水河口的：夜梅花茶室。潘小俠引見相伴的好歌手：金門王、李炳輝兩位先生。此後由陳明章詞曲傳唱的：（流浪到淡水）揚名全臺灣，促成之人就是溫暖有情的：小俠兄。是啊，再歡唱吧：有緣沒緣，大家來作夥，燒酒喝一杯，乎乾啦何等快意，美麗蒼茫的人生一回。

祝賀小俠：這本書。

郭水潭

筆名郭千尺，出生於日治時期臺南州北門郡佳里興。小說家、詩人。1925年，任職北門郡行役所庶務課，兼郡守通譯。1941年，出任臺南州技士，成為日本政府正式官員。1950年於臺北市擔任公職，至1980年退休。郭水潭最初以創作日本短歌步入文壇，加入日本人多田利郎主編的《南溟藝園》，1930年自編鋼版油印的《自選詩第一集郭水潭篇》（10首詩）。戰後，因政治事件淡出文壇。其作品可見臺南縣立文化中心出版羊子喬編輯《郭水潭集》（1994）乙書。曾獲鹽分地帶文學文學貢獻獎。其詩作〈廣闊的海〉和〈蓮霧〉表現兄妹之情，家園之美；〈巧妙的社會縮圖〉，為廁所文學塗鴉藝文的典型；〈斑鳩與廟祝〉是臺灣新詩史以人間生活情趣為主題的少見作品。郭水潭為北門七子之一，「鹽分地帶文學」的旗手，南瀛文學家第一人。（文／莫渝）

龍瑛宗

本名劉榮宗，客籍作家。出生於新竹北埔的客家村落；其父經商，家庭環境與日治時期多數臺籍作家相較略顯貧窮；童年時體質瘦弱，個性內向，這個因素影響他早期的小說創作。1927年畢業於北埔公學校，入臺灣商工學校就讀，畢業後在佐藤龜次郎的推薦下，以優異的成績進入臺灣銀行，調往南投支行任職。1937年發表以日文寫作的處女作〈植有木瓜樹的小鎮〉獲得東京《改造》文藝雜誌第9屆懸賞小說佳作獎，是類似獎項得主中少見的臺灣作家。1941年辭去銀行工作，於臺北《臺灣日日新報》擔任編輯，與張文環、呂赫若、楊逵同為活躍於「戰爭期」的小說家，戰前發表小說計23篇，1980年龍瑛宗克服語言障礙，以中文寫出首篇小說《杜甫在長安》，再度引起文壇注意及肯定。在文學表現上，以日本教育知識份子的觀點，反映日治末期臺灣人在殖民統治下的衝突、挫敗及哀傷。 （文／莊華堂）

1913-2008
巫永福

筆名田子浩，別號「永州」。出生於臺中州能高郡埔里社街（今南投縣埔里鎮）。1932年，考進明治大學文藝科，接受世界文學的學院制度洗禮與薰陶。同年在東京，跟幾位同好組織「臺灣藝術研究會」，隔年，創刊《フォルモサ》（福爾摩沙）文藝雜誌，共出版三期。戰後，1967年加入《笠》詩社，1977年接任《臺灣文藝》發行人。1993年成立巫永福文化基金會，每年針對文化評論、文學評論及文學創作頒獎。巫永福以小說成名於日治時期。1996年5月，整理出版《巫永福全集》，陸續出版至2003年，總計24冊，包括論述、詩、小說、俳句、短歌、翻譯等。巫永福的短篇小說有日本新感覺派的技法，小說〈慾〉乙作開啟商業文學先河。其詩作在鄉土與親情之間遊走、吟哦，豐富的人生寫照，深根臺灣的掌紋。　（文／莫渝）

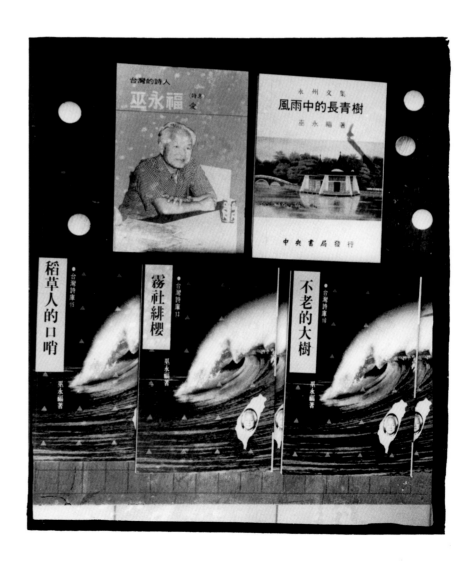

王昶雄

本名王榮生，出生於日治時期淡水鎮。小說家、詩人。在日本曾加入《青鳥》雜誌、《文藝草紙》為同仁，回臺加入張文環主編的《臺灣文學》雜誌參與編務，1980年代加入《笠》詩社。1942年於日本大學齒學系畢業，戰後，他一度擔任純德女中歷史老師。1953年，從淡水搬至中山北路，繼續從事牙醫的工作，並從事文學寫作。著有小說〈淡水河的漣漪〉、〈奔流〉、〈鏡〉等重要作品，另有評論、詩歌、散文、隨筆等創作。生前出版散文集《驛站風情》、《阮若打開心內的門窗》。辭世後，2000年獲頒真理大學第四屆「臺灣文學牛津獎」，而許俊雅主編《王昶雄全集》11冊，則於2004年出版。〈阮若打開心內的門窗〉乙詩於1958年由作曲家呂泉生譜曲，受到眾人傳唱喜愛，成為王昶雄的名句：「阮若打開心內的門，就會看見五彩的春光。」

（文／莫渝）

1921-2014
周夢蝶

原名周起述，出生於中國河南省淅川縣。1949年隨青年軍來臺，退伍後，1959年在臺北市武昌街明星咖啡屋騎樓廊柱下，擺設書攤至1980年，專賣詩集和文哲圖書，計約20年。1962年開始禮佛習禪，終日默坐繁華街頭，成為六○、七○年代臺北街頭重要的藝文「風景」之一。1980年因胃病開刀，結束二十年書攤生涯，退休在家，研習禪、佛法，生活極簡樸，時人稱為「城市的隱逸者，詩壇的苦行僧」。1952年開始寫詩，加入「藍星詩社」。曾獲1967年中國文藝協會新詩特別獎、1969年《笠》詩社第一屆「詩創作獎」、1997年獲第一屆國家文藝獎等。2014年過世後，友人成立「中華民國周夢蝶詩獎學會」，簡稱周夢蝶詩獎，每年頒贈獎金，鼓勵詩集出版。著有詩集《孤獨國》、《還魂草》、《約會》、《十三朵白菊花》等；選集《周夢蝶世紀詩選》、《周夢蝶詩文集》。《還魂草》乙書為詩人巔峰之作，內收代表作〈囚〉與〈落櫻後，遊陽明山〉兩首，為情而悲苦的詩人，想永離世俗，或遁入來世，以冀求能夠相依的慰藉。　（文／莫渝）

1922-2012
陳千武

本名陳武雄，另有筆名桓夫。詩人、小說家、文學評論家、兒童文學作家、翻譯家。出生於南投縣名間鄉，日治時期臺中一中畢業後，在林務機關工作，1973年2月調任臺中市政府，1976年10月協助臺中創立市立文化中心，12月擔任文化中心主任。1985年，因新建臺中市立文化中心落成，原中心改為博物館「文英館」，遂改任文英館館長。為1964年笠詩社12位發起人之一。1989年任臺灣筆會第二任會長。亦為臺灣省兒童文學協會首任理事長。1978年獲臺灣文藝作家協會頒發文化獎、1992年獲國家文藝獎翻譯成就獎、1994年獲臺中市大墩文學貢獻獎、1999年獲臺灣文藝作家協會頒給亞洲詩人文學功勞獎、2000年獲頒資深臺灣文學家成就獎、2002年獲第六屆國家文藝獎。1939年中學生時即從事日文詩寫作，戰後學習中文，著有詩集《密林詩抄》、《不眠的眼》等十餘冊，小說《獵女犯》，評論《臺灣新詩論集》、《詩文學散論》等，翻譯《日本現代詩選》、《韓國現代詩選》等。其詩作從私我的批判到國族的批判，〈咀嚼〉、〈媽祖生〉、〈信鴿〉等為代表作。從詩寫作和參與詩刊創建等文化活動，陳千武允為建砌臺灣新詩史的一座明亮燈塔。　（文／莫渝）

1924-
林亨泰

筆名亨人。彰化縣北斗鎮人。為知名詩人、評論家。二戰結束後，畢業於
臺灣省立師範學院，彰化高工教師，在中部幾所大專院校講授日文。就
讀臺灣師範學院時，因四六事件遭遇白色恐怖。1947年加入銀鈴會，
並出版日文詩集《靈魂の產聲》。後改用漢文創作，於1955年出版詩
集《長的咽喉》。1956年加入紀弦的
現代派詩人群，並為1964年笠詩社
12位發起人之一，擔任《笠》詩社首
任主編，訂定規劃詩刊方向與內容。
詩集之外，尚有評論集《現代詩的基
本精神》、教育專書數冊。1998年呂
興昌編訂《林亨泰全集》10冊。曾獲
榮後臺灣詩人獎、2004年第八屆國
家文藝獎、2017年第四十屆吳三連
文學獎等。其作品〈風景NO.1〉、〈風
景NO.2〉兩首為圖象詩及形式主義
的書寫典型。林亨泰的詩抽離抒情
成分，增加詩的鹹味（知性），被後
現代主義的晚輩如林燿德尊為「詩
哲」。　（文／莫渝）

1924-2019

林良

出生於福建廈門，筆名子敏。兒童文學作家、散文家、翻譯家。臺灣師範學院畢業。1993年起擔任《國語日報》社長兼發行人、董事長，2005年退休。曾任中華民國兒童文學學會第一屆理事長。曾獲1972年中山文藝創作獎、中興文藝獎、兒童文學特別貢獻獎、2011年第一屆全球華文文學星雲獎「特別獎」、1994年及2012年第十六屆國家文藝獎等。著有兒童文學作品將近150部，包括《七百字故事》、《看圖說話》、《我愛樹》、《草原上的動物》、《灰驢過生日》、《流浪詩人》、《文學家的動物園》等；散文集《茶話》、《小太陽》、《在月光下織錦》、《陌生的引力》、《鄉情》等；論述《淺語的藝術》、《純真的境界》（漫談兒童文學）等；翻譯《夏日海灣》、《烏鴉愛唱歌》、《流光似水》等；以及精選集《林良作品集：經典珍藏版》、《與鴿子海鷗約會》等。

一輩子的筆耕，誠如他自言「我的作品都是『在月光下織錦』的成績。」織錦，是完美的華麗，背後則是他「另外一種苦行僧」式的修為。

（文／莫渝）

1925-

鍾肇政

生於桃園龍潭九座寮祖厝。五歲時父辭教職，遷居臺北大稻埕，講閩南話。八歲遷回故鄉龍潭，就讀龍潭公學校二年級，為堂兄弟嘲為「福佬屎」，從頭學習客家話。淡江中學、彰化青年師範學校畢業。戰後就讀臺大中文系因為聽力障礙僅兩天即輟學。1951年第一篇文章〈婚後〉，刊登於《自由談》，燃起寫作興趣，從此勤於筆耕。1961年第一部長篇小說《魯冰花》發表於《聯合報》，成為臺灣知名作家，並陸續發表《濁流三部曲》大河小說──《濁流》、《江山萬里》、《流雲》。1964年起撰寫另一部大河小說《臺灣人三部曲》──《沉淪》、《滄溟行》、《插天山之歌》，開啟臺灣大河小說之先河。獲1979年第二屆吳三連文學獎、1992年第五屆客家臺灣文化獎、1999年第三屆國家文藝獎等。鍾肇政在臺灣文壇與葉石濤齊名，並稱為「北鍾南葉」，因特殊機緣與高雄美濃的鍾理和筆交，人稱「二鍾」。此外，還協助吳濁流先生主持《臺灣文藝》編務多年，60年來提攜同儕與後輩作家無數，人稱「鍾老」，被譽為戰後「臺灣文學之母」。　（文／莊華堂）

1927-2016
杜潘芳格

新竹新埔人，是跨越語言一代的客籍女詩人。先祖是新埔街上的望族，祖父潘成鑑在日治時期擔任庄長，父親潘錦淮曾到東京攻讀法律學位，接觸許多新思想。母親來自新竹關西地區，原本是童養媳，後來有機會就學，於臺北第三高女畢業。家庭成員的背景，對杜潘芳格有深刻的影響；1940年於新竹高等女學校就讀，開始以日文創作抒發，創作的文體包括詩、小說和散文。1947年二二八事件，杜潘芳格母親在花蓮的姑丈張七郎父子三人，遭國民黨逮捕殺害，讓杜潘芳格深受影響，於是創作中對政治多表現出批判及諷喻的態度。1965年加入《笠》詩社，積極從事客語詩的創作。李敏勇曾評其創作「是在抒情裡包容著思想的詩」。第一篇作品〈春天〉以日文創作，1966年7月發表於《臺灣文藝》。曾任《臺灣文藝》社長，女鯨詩社社長；1992年以北京語、英語與日語寫成的詩集《遠千湖》，獲第一屆陳秀喜詩獎。另著有《青鳳蘭波》、《淮山完海》、《慶壽》等作品。

（文／莊華堂）

1928-2017

羅門

原名韓仁存，出生於中國海南省文昌市。年幼時入空軍幼年學校，再就讀空軍官校，1949年隨校來臺灣，後轉入民航局工作。1954年認識其妻女詩人蓉子，開始寫詩、發表。加入藍星詩社，曾任詩社社長。成名作〈麥堅利堡〉（1965）乙詩獲頒菲律賓總統金牌。曾獲中國時報推薦詩獎、中山文藝獎、文復會文化榮譽獎、教育部詩教獎等。出版詩集《曙光》、《第九日的底流》、《死亡之塔》、《羅門詩選》等；論文集《長期受著審判的人》、《時空的絕響》，1995年文史哲出版社出版主題選《羅門創作大系》九卷本，是其一生詩文學的精萃。瘂弦讚許羅門：「終身守著詩。」羅門的都會詩開啟新視野，而他專研內心世界的精神詩篇，則有賴擁有「金鑰匙」的讀者深入解讀。　（文／莫渝）

1928-

蓉子

本名王蓉芷，詩人。出生於中國江蘇省揚州。1949年跟隨電臺工作單位一同遷臺。2019年返回江蘇家鄉。1950年代開始創作詩，1951年詩作正式發表於報刊。曾參加藍星詩社，主持後期《藍星詩頁》及《藍星一九六四》的編輯工作。曾獲頒國際婦女年國際婦女文學獎、中國青年寫作協會第一屆文學成就金鑰獎等。著有詩集《青鳥集》、《七月的南方》、《蓉子詩抄》、《維納麗莎組曲》、《橫笛與豎琴的晌午》、《天堂鳥》、《雪是我的童年》、《蓉子自選集》等；兒童詩集《童話城》；散文集《歐遊手記》。蓉子出現詩壇，即以婉約清麗被注目，代表作〈一朵青蓮〉：「影中有形　水中有影／一朵靜觀天宇而不事喧嚷的蓮」、〈傘〉：「一傘在握　開闔自如／闔則為竿為杖　開則為花為亭／亭中藏一個寧靜的我」，是其詩作中廣被傳誦的名句。（文／莫渝）

1928-2018
洛夫

原名莫運端，詩人、評論家。出生於中國湖南省衡陽。初中三年級時，因閱讀了大量俄國文學作品，將名字改為俄國風味的「莫洛夫」。1948年考入湖南大學外文系，1949年國軍在湖南招考青年入伍，洛夫隨軍隊抵達臺灣。1951年考入政工幹校第一期。越戰後期奉命參加駐越軍事顧問團擔任英文秘書，期間發表了作品《西貢詩鈔》。返臺後，就讀於淡江文理學院英文系，1973年畢業，同年以中校軍階退役。曾任教東吳大學外文系。1954年與張默、瘂弦在高雄左營籌組「創世紀」詩社，出版《創世紀》詩刊。曾獲中山文藝獎、1986年第九屆吳三連文學獎、1990年第十六屆（舊制）國家文藝獎、2004年北京新詩界首屆國際詩歌獎等。著有詩集《靈河》、《石室之死亡》、《外外集》、《魔歌》、《時間之傷》、《漂木》、《昨日之蛇》等；詩選集《無岸之河》、《因為風的緣故》；論評集《詩人之鏡》、《洛夫詩論選集》、《詩的探險》、《孤寂中的回響》、《詩的邊緣》等。晚年沉潛於書法。早年洛夫被稱為超現實主義在臺推手，詩的表現近乎魔幻，被譽為「詩魔」（貼近《魔歌》詩集），他的創作力強，語言文字魅力高，深深擄獲華語文學界的目光。　（文／莫渝）

1931-
張默

本名張德中，出生於中國安徽省無為縣的農村。1949年抵臺。加入海軍，開始學習寫詩。1954年與洛夫、瘂弦在高雄左營籌組「創世紀」詩社，出版《創世紀》詩刊，1960年代末停刊；1971年與管管在高雄左營合辦《水星詩刊》，發行九期後重組創世紀詩社，續出《創世紀》詩刊迄今。曾經主編《中華文藝》月刊。曾獲中國文藝協會文藝獎、五四獎、1984年中山文藝創作獎等。著有詩集《紫的邊陲》、《無調之歌》、《陋室賦》、《落葉滿階》等十餘冊；詩評集《現代詩的投影》、《無塵的鏡子》、《臺灣現代詩筆記》等。兒童詩集《魚和蝦的對話》。編輯《新詩三百首》、《小詩選讀》、《剪成碧玉葉層層》、《感月吟風多少事》、《臺灣現代詩手抄本》等。張默一生熱愛詩，是臺灣詩壇多種選集的重要編輯手。　（文／莫渝）

1932-2017

鄭清文

生於桃園，成長於臺北新莊的小說家，給人印象恆是素樸且敦厚的謙實君子模樣，如同他那城鄉文學筆下的人事物，最早期在純文學出版社印行的小說集《最後的紳士》恰如其份的鄭氏典型，而他一生本職竟是銀行經理？

相思子花、檳榔樹……少年時代的大漢溪，字裡行間淡定、溫暖的愛戀，隱藏著婉約的悠長思念和想忘又難忘的情懷；小說有他美麗和哀愁的內在感思，人如其文，其來有自。

獲1987年第十屆吳三連文學獎、2005年第九屆國家文藝獎，晚年，為下一代孩子撰寫少年小說，在於有心留著故鄉山水和歷史的永恆印記；並且側身於臺灣主體性的關照與提示，一直是位溫暖如小說中那位「紳士」的倒影，猶若他的名字：清朗雅逸的文字，永遠是臺灣文學史上一株最明亮、挺拔的大河岸堅卓的檳榔樹。　（文／林文義）

1934-
李喬

本名李能棋，出生於苗栗縣大湖鄉近番界的番仔林山區，童年時因父親參與抗日運動，長年不在家，因而家中經濟困頓，曾經面對弟妹病亡，聽過鄰庄的泰雅族頭目講故事，這些早年的經歷影響其後的寫作風格。1954年畢業於新竹師範學校。於求學過程中，接觸到西方哲學，擅長運用意識流、內心獨白等技巧於小說創作。1962年首度發表短篇小說《阿妹伯》，70年代閱讀大量清末和日治時期的史料，作為繼鍾肇政之後寫大河小說的準備，1980年出版以臺灣清末及日治50年歷史為背景、橫跨家族三代的《寒夜三部曲》大河小說，為其畢生扛鼎之作；年過八十之後還創作不輟，2013年再以《幽情三部曲》再創高峰。獲1981年第四屆吳三連文學獎、2006年第十屆國家文藝獎。

（文／莊華堂）

1934-

黃娟

本名黃瑞娟，桃園楊梅客籍作家，出生於新竹市，後遷居臺北。先後畢業於楊梅國校、新竹女中初中部、臺北女師專。曾擔任小學、中學教師。1961年以處女作〈蓓蕾〉刊於聯副，展現才華，此後醉心於小說創作，成為60年代臺灣主要的女小說家。1967年之後隨夫赴美，發表《愛莎岡的女孩》，並定居於美國專事寫作，成為臺美代表作家，創作以小說為主，兼及論述、散文、報導文學。歷任北美臺灣文學研究會會長、北美臺灣客家公共事務協會會長。獲1988年吳濁流文學獎、1999年二十二屆吳三連文學獎、2001年臺美人文科學成就獎、臺灣文學家牛津獎、客家終身貢獻獎、2019年第二十一屆國家文藝獎等殊榮。著有《虹虹的世界》、《啞婚》。晚年繼續創作出版《故鄉來的親人》、《楊梅三部曲》等大河小說，反映了臺灣人民血淚的歷史軌跡，充分展現女性細膩觀察的特質。　（文／莊華堂）

1935-
黃春明

生於宜蘭羅東，是臺灣當代重要的鄉土文學作家。獲1980年第三屆吳三連文學獎、1998年第二屆國家文藝獎、2008年佛光大學頒授黃春明榮譽文學博士學位。

1960-70年代的《文學季刊》，年輕的黃春明開始發表小說。那背景定位在臺灣東北角蘭陽平原，以小人物的世情悲歡，卑微卻不向沉重的現實屈服，一出手就是風格獨具、文字魅力十分迷人的亮眼佳構。

《看海的日子》、《沙喲那拉，再見》、《蘋果的滋味》、《兒子的大玩偶》……八十年代臺灣新浪潮電影蓬勃發展，也是黃春明小說最豐饒的時期。影視和劇場更是這位卓越作家的另一隻手，《芬芳寶島》影集中，《大甲媽祖回娘家》(黃春明導演、張照堂攝影)最具感動力，已成為臺灣紀錄片中的重要作品。近年自組「黃大魚兒童劇團」，在宜蘭家鄉更是開花結果。

《九彎十八拐》文學雜誌的創辦人，百果樹文學咖啡館位在宜蘭車站正對面挺立，小說家是全臺「最資深」的服務生。如此青春不老的小說家，回望太平洋上龜山島，多麼壯麗！

（文／林文義）

趙天儀

筆名柳文哲，出生於臺中市。詩人、評論家、兒童文學作家。臺灣大學哲學系畢業，曾任臺灣大學哲學系教授、系主任。1974年臺大哲學系事件後，轉職國立編譯館人文社會組編纂，退休後，任靜宜大學中文系教授、文學院院長。1964年為「笠詩社」12位發起人之一。曾獲巫永福文學評論獎、臺中市大墩文學貢獻獎、2011年第三十四屆吳三連文學獎等。著有詩集《果園的造訪》、《大安溪畔》、《牯嶺街》、《腳步的聲音》等；童詩集《小麻雀的遊戲》、《小香魚旅行記》；評論集《裸體的國王》、《臺灣現代詩鑑賞》等；兒童文學評論《大家來寫童詩》、《兒童詩初探》等。趙天儀的詩，從浪漫主義鄉土情懷出發，結合臺灣歷史與人文，有敘事詩的強烈企圖；俯拾即是的取材態度，使他有極豐的創作量。　（文／莫渝）

1935–

林宗源

生於臺南市。省立臺南二中畢業。經營養殖業、旅社、食品店、建築業等。1957年擔任紀弦現代詩社短期社長，1964年加入笠詩社。1980年代起努力從事臺語詩寫作，籌組「蕃薯詩社」，擔任社長，發行推廣母語的《蕃薯詩刊》，亦擔任林家詩社社長。獲榮後臺灣詩人獎、臺灣新文學貢獻獎等。著有詩集《力的建築》、《食品店》、《補破網》、《力的舞蹈》、《濁水溪》、《林宗源臺語詩選》、《林宗源臺語詩精選集》、《無禁忌的激情》（臺語情色詩集）、《咱愛行的路》等二十餘部。林宗源，拋開學院教育的思考模式，著重生活化和生存化的肯定，帶濃厚批判精神；早期華語詩寫作，也有母語的味道，如〈愈肥愈臭愈好的泥土〉，其全力投入臺語詩的寫作後，成績可觀，被譽為「臺語詩文學的教父」。　（文／莫渝）

1937-
白先勇

生於廣西省桂林。獲2003年第七屆國家文藝獎、2013年第三十三屆國家文化獎。

「朱雀橋邊野草花，烏衣巷口夕陽斜。舊時王謝堂前燕，飛入尋常百姓家。」——劉禹錫〈烏衣巷〉，白先勇小說《臺北人》卷前這首唐詩，就足以道盡一九四九年因為中國內戰，渡海來臺的異鄉人那哀傷的失鄉之痛！這本鄉愁之書，是流離的最後民國史，也是白先勇不朽的定音之作。

定居在北美西岸聖塔巴巴拉，臨近太平洋遙望千里煙波，後來再寫了《紐約客》、《孽子》等小說，但最被稱譽的還是《臺北人》了。

往事如煙，風靡兩岸三地的華人世界，更為父親白崇禧將軍寫傳。崑曲的女伶蘭花指以及倦眼回眸，那是從前的遊園驚夢，不再的異鄉人。

（文／林文義）

1937-
隱地

生於上海。《年度小說選》是臺灣文學最為人稱許且深刻的閱讀記憶。創辦人隱地，本名柯青華，同時是爾雅出版社發行人，也是小說、散文、新詩、評論的名家；小說家王定國稱譽隱地是「臺灣文學領航者」，這是恰如其份的定位。

《傘上傘下》是他的青春出集。至今仍是出版史上閃亮不滅的《書評書目》雜誌，亦是這位年過八旬卻意志堅定、青春不老的編輯人永恆的榮耀標記。文化界極重視的《臺灣文學年代五書》橫越1950～1990年，為二戰後的臺灣文壇人與事、政局和社會留下最為感心的歷史紀念，以「微型文學史」形式成就最典範的風格。

《心的掙扎》、《人啊人》、《眾生》被稱為「人性三書」系列，更是隱地的重要代表作。

作家之外的身份是爾雅出版人，近半世紀以來，領航出版最有深度、質感的文學書籍，1997年榮獲中華文藝協會頒發中華文藝獎章文藝出版獎；隱地，隱藏於大地無垠的愛與涵容，始終殷勤地栽種一株不朽的文學大樹。　（文／林文義）

1937-
白萩

本名何錦榮，生於臺中市，臺中商職高級部畢業，經營並擔任廣告及室內設計公司負責人，現移居高雄市。白萩成名於1950年代，1955年便以《羅盤》獲得中國文藝協會第一屆新詩獎。1964年為「笠詩社」12位發起人之一，擔任數次不同時期的主編。1980年代擔任臺、日、韓三國主導「亞洲現代詩集」臺灣編輯委員。著有詩集《蛾之死》、《風的薔薇》、《天空象徵》、《香頌》、《詩廣場》等。曾獲1996年第十九屆吳三連文學獎、臺灣詩獎、臺中市大墩文學獎文學貢獻獎。

　　白萩曾言：「已存在的美，對於尚未出現的美是一種絕大的壓力與考驗，如果，不能超越與打破此種束縛，則新的美將無以出現。」詩作遊走現代、本土與抒情的等邊三角的白萩，展現協合的表現及鮮活的意象；初期呈現現代主義色彩，中期回到鄉土臺灣；詩作「新美街」一輯，為庶民生活寫照；〈廣場〉一詩則為政治詩的傑作。

（文／莫渝）

1937-

李魁賢

筆名楓堤，生於臺北縣淡水鎮。詩人、評論家、翻譯家。1953年開始發表詩作，1964年加入笠詩社，1987年籌組臺灣筆會，曾任臺灣筆會第五屆會長，獲榮後臺灣詩人獎、2004年第二十七屆吳三連文學獎、2016年第二十屆國家文藝獎及國外多項詩人獎等。曾擔任國家藝術文化基金會董事長。現任世界詩人運動組織（Movimiento Poetas del Mundo）副會長，積極推動「淡水福爾摩莎國際詩歌節」，致力將臺灣詩和詩人推向國際。著有詩集《靈骨塔及其他》、《永久的版圖》、《秋與死之憶》、《黃昏的意象》等；評論集《臺灣詩人作品論》、《詩的反抗》等，翻譯里爾克詩集與德國詩選多冊，另有文化評論，發明專利等著作。〈鸚鵡〉、〈輸血〉、〈水晶的形成〉為代表作。李魁賢的詩作深具冷靜觀察、適度批判、多方角度與國際視野等特質。　（文／莫渝）

1938-
岩上

本名嚴振興。本籍嘉義縣，現居南投草屯。先後畢業於臺中師範學校、逢甲學院。1965年參加「笠詩社」，1976年與詩友王灝等人於南投草屯創辦《詩脈》詩刊，至1979年停刊。曾獲第一屆吳濁流文學新詩獎、第二屆中興文藝獎章新詩獎、榮後臺灣詩人獎、南投縣文學貢獻獎等。曾擔任《笠》詩刊主編及《滿天星》主編、臺灣兒童文學學會理事長。著有詩集《激流》、《臺灣瓦》、《岩上八行詩》，《漂流木》、《變體螢火蟲》十餘冊；兒童詩集《忙碌的布袋嘴》；評論集《詩的存在》、《詩的創發》、《走入童詩世界》等。岩上在鄉居生活中保持了敏銳的觀察，易經哲理與太極拳的實踐，提示了生命的省思，也成為其詩創作的營養。　（文／莫渝）

1938-
陳若曦

原名陳秀美，生於臺北永和。臺大外文系畢業，與白先勇、歐陽子、王文興等人創辦《現代文學》雜誌，畢業後留學美國。曾獲1978年第一屆吳三連文學獎、2001年中山文藝創作獎、2011年第十五屆國家文藝獎、吳濁流文學獎等。

1966年隨著丈夫舉家前往大陸定居。1973年離開大陸，舉家移居香港，擔任新法書院英文教師。1979年應美國柏克萊加州大學中國中心之聘，移居美國。1980年美麗島事件後翌年，她勇健的從美國回到久別的臺灣，帶著海外作家聯名簽署的請願書，面見蔣經國，表達海外學人對此事件的憂心，為事件中的異議人士求情，表明此事件是「未暴先鎮、鎮而後暴」；那份凜然的義氣猶若小說《尹縣長》出版時讀者為之驚豔的敬服。

曾經懷抱著新中國的理想之夢，回歸而又告別，七十歲回憶錄《堅持‧無悔》真切的訴說一生行誼，猶若史詩般地反思、評比、追憶，微嘆和撫昔的光影明滅，盡在如是豪筆中。

江山萬里望盡，未曾遠離文學心。她在天涯海角的日與夜，靜靜撰寫早年小說，那是俠女般理想主義的「革命」情懷，凜然、勇健的強韌意志，拜讀她的文學，正是她的一生。

（文／林文義）

1938-
謝里法

生於台北大稻埕。畫藝精湛且具文史好筆的謝里法。彷彿是遙向半世紀前致意——《日據時代臺灣美術運動史》，如同先人的追憶逝水年華；堂皇推出的五十萬言大河小說《紫色大稻埕》，不是美術史續集，而是郭雪湖、李石樵的少年青春，鮮活再現於書頁。

應該就是潘小俠攝影書《臺灣美術家一百年》中的畫家轉型為文學作者的漂亮轉身。

吳濁流文學獎，隨即肯定了謝里法小說。2017年更獲頒第37屆行政院文化獎。

很多年前的《和阿笠談美術》以書信散文體向新世代藝術人談美術；《重塑臺灣的心靈》則訴說半生在歐美異鄉的家國思索，評論、辯證之間，有著凜冽且信心的深邃底蘊，如同《紫色大稻埕》回歸畫家童少時的原鄉，那是對日治時代前輩畫家的由衷敬意，也是用愛與美的文字，永恆留影昔時的黃昏暮色。　（文／林文義）

黃文雄

生於高雄、岡山。1964年赴日本留學,早稻田大學商業學院畢業,明治大學西洋經史學碩士學位。1983年至1986年曾任日本同鄉會長,世界臺灣同鄉會副會長,臺灣獨立建國聯盟日本本部委員長,拓殖大學日本文化研究所客座教授。黃文雄1975年開始寫作出書,以寫作維生。著作有《中國的沒落》、《臺灣國家的條件》、《震盪世界的日本》、《中國解體論》、《中國富豪列傳》(楊碧川譯)、《締造臺灣的日本人》(楊碧川譯)、《新醜陋中國人》、《日本留給臺灣的精神文化遺產》、《中國現象、中國笑話》、《辛亥民國一百騙》、《哲人政治家李登輝之「我」》等多種著作。曾獲巫永福文化評論獎、臺灣筆會獎、臺灣十大本土好書獎。　(文/潘小俠)

1939-
張良澤

生於南投埔里。1955年進入臺南師範學校，1966年成功大學中文系畢業，1971年日本關西大學文學碩士，1972年，回國擔任國立成功大學中國文學系專任講師。然因在日本時曾接觸左派文人作品，又因在成大提倡鄉土文學，導致受到國民黨政權特務白色恐怖的騷擾，遂於1978年離開臺灣，前往日本筑波大學擔任副教授，1990年任日本共立女子大學教授。

1992年張良澤因解除黑名單返回臺灣定居。現任真理大學臺南校區臺灣文學資料館名譽館長、臺灣文學系客座教授、《臺灣文學評論》雜誌主編兼發行人。張良澤專長領域有臺灣文學史、中國小說史、原住民文化史，更長期關注研究臺灣文學史料。他的作品種類涵蓋小說、隨筆、評論與翻譯，著作有《倒在血泊的筆耕者》、《四十五自述》、《肝膽相照》、《臺灣文學與語文論集》等著作。他提及自己喜歡研究、蒐集舊時文章、作品。曾在作家鍾理和的故居，拜訪遺孀鍾平妹及作家鍾鐵民，找到大量未被刊出的手稿，歷經多年的整理，完成《鍾理和全集》，成為臺灣文學史的第一部作家全集。

（文／潘小俠）

雷驤

生於上海。北投奇岩路，雷驤靜坐在落地窗前，凝視天光雲影，手中的筆記留著滿滿的素描和文字。雅逸和閒適，圖象的版畫或水墨總有一份沉定的自信，文字的秀異魅力已然自成一家之言。

小說《矢之志》和味的敘述，令人想起芥川龍之介，散文《青春》猶若谷崎潤一郎，那種昭和時代男子的情境，難以讓後來者擬摹的獨特風格，雷驤的圖文美學誠是一卷浮世繪。中年時期，他和攝影名家阮忠義合作的紀錄片「印象之旅」和往後的「作家身影」都是至今難忘的絕美之作，是文學也是圖象。

庶民的人間性，土地的追尋，內在哲學之沉思；雷驤生命的定義終是完美主義者的不渝索求。上海是原鄉，臺北是夢和現實的存在本質；他是一則傳奇，也是最美麗的一方風景。

（文／林文義）

1940-

劉靜娟

筆名有斑斑、白千層、寧靜圈、晴舫等。彰化縣員林人,生於南投水里。彰化高級商業職業學校畢業。十八歲起開始寫作,1958年8月於《中央日報》副刊發表第一篇作品後,創作不懈;1966年由文星書店出版第一本散文集《載走的和載不走的》,就奠定以生活為書寫題材的基調。1965年起擔任《臺灣新生報》副刊主編至報社主筆;2001年退休後專心寫作。劉靜娟創作以散文與小說為主,觀察生活中日常、親情、友誼,從所見所感中抽取動人感人之片刻,善於採擷風景的她,能將平常的敘事化為不平凡的紀錄,文字清新淡雅簡潔,情感質樸,掌握幽默感且意味深遠,以溫暖、正面情緒打動人心,擄獲讀者內心認同。著作包括《笑聲如歌》、《咱們公開來偷聽》、《歲月就像一個球》、《被一隻狗撿到》、《眼眸深處》、《布衣生活》、《散步去》、《樂齡,今日關鍵字》等。 (文/葉益青)

1941-
張曉風

出生於中國浙江省金華，八歲隨父母遷臺，成長於臺北、屏東。東吳大學中文系畢業，曾任教於東吳大學、香港浸會學院、國立陽明大學。筆名曉風、桑科、可叵，以散文馳名，兼及新詩、小說、戲劇、雜文等多種文體。1966年二十五歲出版散文集《地毯的那一端》抒寫婚前的喜悅，情感細膩動人，並以此書獲中山文藝創作獎，為至今得獎人中最年輕的一位；亦曾獲1997年第二十屆吳三連文學獎。初始創作從家庭生活日常瑣事開始，逐漸關懷社會與國家，主題開拓變化，詩人余光中曾在《你還沒有愛過》一書的序中譽之為「亦秀亦豪的健筆」，擅寫自然和人之間的和諧，作品有《你還沒有愛過》、《再生緣》、《我在》、《從你美麗的流域》、《星星都已經到齊了》、《曉風戲劇集》、《送你一個字》等。　（文／葉益青）

張曉風

鍾鐵民

出生於滿州國奉天（今瀋陽市），高雄美濃客家人。他與父親鍾理和許多創作，多取材美濃或屏東客鄉，被稱為「農民作家」。9歲時罹患脊椎結核，一度病倒在床休學兩年。1959年就讀旗山中學，1960年父親鍾理和病逝，次年發表第一篇小說〈四眼與我〉。1963年考取師大夜間部國文系及政治大學夜間部。1964年3月，教育部公文核准，註冊成為師大正式學生。鍾理和過世前曾交代子女不要當作家，但他卻利用寒暑假到龍潭跟鍾肇政學習寫小說。鍾鐵民曾以為南北兩鍾是同宗，其實並無親屬關係。他更在美濃創建臺灣第一所純民間發起的文學紀念館—平民文學家「鍾理和紀念館」，對蒐集及保存臺灣近、現代作家資料，頗有貢獻。1990年代初創設美濃愛鄉協進會，為「反美濃水庫運動」的靈魂人物，透過運動及《美濃鎮志》編撰，培養鄉籍後生鍾永豐、鍾秀梅、林生祥、古秀妃……等近十人成為客家學術、政治、社運、音樂界翹楚，為其文學成就之外一生最大事功。　（文／莊華堂）

杜國清

生於臺中縣豐原市。臺灣大學外文系畢業後，獲得日本關西學院日本文學碩士、美國史丹福大學中國文學博士。現任聖塔芭芭拉加州大學東亞語言文化研究系教授、賴和吳濁流臺灣研究講座暨臺灣研究中心主任。一九九六年創刊《臺灣文學英譯叢刊》（Taiwan Literature: English TranslationSeries），致力於臺灣文學的英譯出版。1964年笠詩社12位發起人之一。獲國家文藝獎翻譯成就獎。著有詩集《蛙鳴集》、《望月》、《殉美的憂魂》、《情劫集》、《玉煙集》、《山河掠影》、《推窗望月》等。翻譯《艾略特文學評論集》、《中國詩學》、《惡之華》等，其為東西詩學學養豐厚的詩人，堅持浪漫主義的情懷，呈顯象徵主義的傾向，卻墜為唯美主義的實踐者，看得出西方波德萊爾和東方李義山匯流激濺的水花。　（文／莫渝）

喬林

本名周瑞麟，出生於臺北縣雙溪鄉。中國市政專科學校（今中國科技大學）土木科畢業，曾任職榮民工程公司工程管理組組長、副處長等，2004年退休。1971年與詩友籌組龍族詩社。1980年代中期後，重新加入笠詩社。曾獲優秀青年詩人獎。著有詩集《基督的臉》、《狩獵》、《布農族》、《文具群及其他》等。《布農族》（1970年寫作，2000年出版）詩集最初發表時，使他成為關心原住民生態的少數先行詩人之一。詩集《基督的臉》建立他獨特的風格：觀察敏銳、文字簡練，詩意深遠。莫渝評喬林的詩，落實現實與日常生活，乾冷的語言蘊涵溫熱的詩心。 （文／莫渝）

吳晟

本名吳勝雄，出生於彰化溪州。詩人、散文家。屏東農專畢業，曾任國
中教師、靜宜大學中文系兼任講師、總統府資政。曾獲1975年第二屆
中國現代詩獎、2007年第三十屆吳三連文學獎，出版得獎專集《真摯
與奔放：吳晟與管管》、美國愛荷華大學榮譽作家等。著有詩集《飄搖
裡》、《吾鄉印象》、《泥土》、《向孩子說》、《他還年輕》等；散文集
《農婦》、《店仔頭》、《無悔》、《不如相忘》、《筆記濁水溪》、《一首
詩一個故事》、《我的愛戀，我的憂傷》等；選集《吳晟詩集》、《吳晟
詩選》、《吳晟散文選》等。文學離不開土地，吳晟擁抱泥土，站在自己
的土地表達心聲。從1975年獲中國現代詩獎以來，吳晟的「鄉村詩」、
「親情詩」享譽臺灣詩壇。他詩裡的語詞真實坦誠，詩風樸拙沉厚。
（文／莫渝）

1945-
施叔青

生於彰化縣鹿港鎮。本名施淑卿，淡江大學法文系畢業，美國紐約市
立大學戲劇碩士，17歲在《現代文學》發表處女作短篇小說〈壁虎〉一
鳴驚人；寫作之餘從事平劇、歌仔戲研究，曾任教於政治大學及淡江
大學。60年代早期的創作以性與死亡為主，作品受超現實主義影響，
以婚姻為題材，站在女性立場探討兩性間的情愛糾葛，獲2008年第
十二屆國家文藝獎。1977年移居香港，80年代以「香港三部曲」《她名
叫蝴蝶》、《遍山洋紫荊》、《寂寞雲園》，以香港殖民地的情境來反思
臺灣社會面臨的政治巨變，描寫香港的歷史與處境，引起熱烈迴響。
後以鹿港古鎮為背景，從清末嘉慶年間到1895年常民縮影的「臺灣
三部曲」《行過洛津》、《風前塵埃》、《三世人》建構出一部臺灣移民
史，被譽為為土地立傳的大河之作。　（文／葉益青）

季季

本名李瑞月，出生於雲林縣二崙鄉。15歲時投稿《臺灣新聞報》發表短文，18歲以〈天空〉獲《亞洲文學》小說徵文首獎。虎尾高中畢業後放棄聯考隻身北上，從事創作，成為皇冠雜誌社簽約基本作家，1966年由皇冠出版第一本小說集《屬於十七歲的》，成為文壇亮眼新星；後任職於《中國時報》多年。1988年為美國愛荷華大學「國際寫作計畫」作家。季季創作數十年，風格多變，早年作品以少女情愛為主，呈現被現代主義影響的色彩。70年代後，從現實生活取材，融合自傳性質，關懷邊緣女性面對的不公不義，觀察入微、故事性強，極富想像力，善於透過對話、動作刻劃出小說人物的深層意識。出版過小說《屬於十七歲的》、《異鄉之死》、《拾玉鐲》、《月亮的背面》及散文集《夜歌》等。2006年出版自傳性質的《行走的樹》，記錄個人回憶及當時文壇軼事。　（文／葉益青）

曾貴海

生於屏東縣佳冬鄉，醫師、詩人及社運領導人。就讀高雄醫學院時與江自得等人創立「阿米巴詩社」。1973年起行醫，後轉往高雄醫院、信義醫院任職，定居高雄市。1982年與葉石濤、鄭明等人創辦《文學界》雜誌。1991年創辦《文學臺灣》雜誌。此後任鍾理和文教基金會董事長、臺灣筆會會長。除引領南臺灣文學風騷，他還被社運界尊稱為「南台灣綠色教父」，自1988年起擔任臺權會高雄分會副會長，投身社會運動。90年代先後擔任臺灣環保聯盟高雄分會長、保護高屏溪聯盟理事長、衛武營公園促進會及高雄市綠色協會會長。曾貴海的文學創作以新詩為主，運用華、客、臺三種語言寫作，創作手法及題材多元，文本涵蓋客家文化、自然書寫、臺灣歷史及後殖民書寫等主題。

（文／莊華堂）

汪其楣

生於北平。專研現代戲劇、古典戲劇、導演、編劇、中西戲劇及劇場，獲1993年第十六屆吳三連文學獎、1987年第十三屆（舊制）國家文藝獎及2004年第十三屆賴和文學獎。

影像中手持劇本近作《謝雪紅》的汪其楣教授，最是與劇中主角靈魂相近的自己。自撰劇本，自導自演，那被歷史扭曲、污名化，七十年前引領學生部隊、勇健對抗二二八事件、以及鎮壓臺灣人民的國民黨軍隊的女英雄，為她平反；汪其楣一人獨腳戲演譯，決絕還原謝雪紅凜冽、自主的女性獨立人格。

這位被美譽是「臺灣最會教戲的導演」，是如此深切地詮釋常被輕忽、淡忘的臺灣近代史，早期的名劇《大地之子》、《人間孤兒》以土地與人民突顯出資本主義腐蝕，漸失人情間的冷暖和憂杞。

她是美麗的一方風景，她是關照弱勢病者的母親，以光影、樂曲、舞姿的人間大愛，呈現臺灣島嶼原初的真情實意；她叫汪其楣。

（文／林文義）

93 Pan Shia's Portrait Making

1946-

藍淑貞

屏東縣里港鄉人。高雄師範學院國文系畢業。曾任臺南高商教師。1997年開始台語文學寫作。擔任臺南市紅樹林臺語推展協會會長、菅芒花臺語文學會常務理事、臺南市教育局本土教育推行委員、臺南市文化局文學推行委員等。著有臺語詩集《思念》、《臺灣圓仔花》、《走揣臺灣的記持》、《臺灣花間集：臺灣植物生態臺語詩集》；臺語散文集《心情的故事》等。臺灣囡仔歌詩《愛食鬼》、《雷公伯也》等。詩作選入《臺語詩一世紀》（林央敏主編）、《臺語詩新人選》（陳金順主編）。

學者廖瑞銘將藍淑貞歸入臺語文學寫作「菅芒花系統的社群」作者之一，認為她的臺語詩「從親情及身邊事物出發，特別是具有台灣本土文學者的特質，關懷社會、疼惜土地，關心下一代。」　（文／莫渝）

1947-2014
張炎憲

嘉義中埔人。1970年臺大歷史系畢業後，進入臺大歷史所碩士班就讀，1974年完成碩士論文，1975年赴日本東京大學攻讀博士，1983年以論文＜1920年代臺灣的抗日民族運動＞獲得博士學位。1984年張炎憲進入中央研究院三民主義研究所歷史思想組，同時在輔仁大學、東吳大學社會系、歷史系，開設臺灣史相關課程，展現積極教學的活動，並鼓勵學生投入臺灣史研究不遺餘力。1986年開始積極參與二二八平反社會運動，並開始訪談二二八受難者、白色恐怖受難者、臺籍日本兵、臺籍國軍及海外臺獨運動人士，長期走訪民間口述歷史訪談。1993年整理出版《悲情車站二二八》等二二八口述歷史系列10冊，另有《見證高雄事件》、《寒村的哭泣鹿窟事件》等多著作。2014年前往美國訪問海外臺獨運動口述歷史，不幸因心肌梗塞而辭世。他一生奮鬥為臺灣歷史、臺灣建國運動，最後奉獻自己的身軀。　（文／潘小俠）

張炎憲

1947-
李敏勇

曾用筆名傅敏。生於高雄縣，屏東縣人，現居臺北市。詩人、文學及文化評論家、翻譯家。中興大學歷史系畢業，任職於企業界。曾主編《笠》詩刊，任《臺灣文藝》社長、臺灣筆會第四屆會長。獲吳濁流新詩獎、第七屆賴和文學獎、2007年第十一屆國家文藝獎等。著有詩集《雲的語言》、《暗房》、《野生思考》、《戒嚴風景》、《傾斜的島》、《心的奏鳴曲》等；散文集《人生風景》、《文化風景》；評論集《做為一個臺灣作家》、《悲情島嶼》、《戰後台灣文學反思》、《亮在紙頁的光》、《綻放語言的玫瑰》等，主編《傷口的花——二二八詩集》。

〈遺物〉、〈我們的島〉、〈暗房〉為代表作。李敏勇早期的詩以抒情為主，略帶戰爭思維的哀愁與水仙自戀的唯美；1980年代以來，犀利的詩筆揮向批判現實，呈顯臺灣的病與痛。　（文／莫渝）

陳芳明

生於高雄，從事歷史研究，並致力於文學批評與文學創作，畢業於輔仁大學歷史系，國立臺灣大學歷史研究所。曾任教於靜宜大學、國立暨南國際大學中文系、國立政治大學中文系，現任國立政治大學臺灣文學研究所、講座教授。陳芳明創作及主編專書逾三十多年，主編有《臺灣戰後資料選：二二八事件專輯》、《余光中跨世紀散文》等；著有政論集《和平演變在臺灣》等，散文集《風中蘆葦》、《夢的終點》、《夜昨雪深幾許》、《晚天未晚》等。文學評論有《鞭傷之島》、《典範的追求》、《深山夜讀》、《孤夜獨書》、《楓香夜讀》等書。學術研究有《探索臺灣史觀》、《左翼臺灣：殖民地文學運動史論》、《殖民地摩登：現代性與臺灣史觀》及傳記《謝雪紅評傳》等，《臺灣新文學史》一書，更是打開臺灣文學閱讀的新視野，可謂著作等身，影響深遠。

（文／潘小俠）

1947-
康原

本名康丁源，生於彰化縣芳苑鄉。康原文史工作室負責人。2019年礦溪文學獎公益代言人。曾任賴和紀念館館長、彰化師大臺文所「作家講座」、南華大學文學系「講座作家」、彰化師大「彰化學」叢書總策劃。曾獲第六屆礦溪文學獎特別貢獻獎、2007年吳濁流文學獎、行政院叢書「金鼎獎」。著有詩集《花的目屎》、《滾動的移工詩情》等；報導文學《懷念老臺灣》、《八卦山下的詩人林亨泰》、《追蹤彰化平原》等，兒童文學《臺灣囡仔歌謠》、《逗陣來唱囡仔歌》等。康原從散文寫作踏入文壇，1980年代以來，介入多項書寫領域：報導文學、名人傳記、現代詩、臺語詩、兒童文學、兒童詩、兒歌等，更與藝術家攝影師合作，是臺灣文學界的「快筆俠客」。

（文／莫渝）

黃勁連

本名黃進蓮。生於臺南縣佳里。文化大學中文系文藝組畢業。經營大
漢出版社、臺笠出版社、臺北漢聲語文中心。曾加入文化大學華岡詩
社，以及主流詩社、笠詩社、蕃薯詩社。曾獲第六屆南瀛文學獎、第九
屆榮後臺灣詩人獎等。現任《海翁臺語文學》總編輯。著有詩集《蓮花
落》、《蟑螂的哲學》，散文集《潭仔墘札記》，評論集《文學的沉思》，
臺語詩集《雉雞若啼》、《倥促兮城市》、《黃勁連臺語文學選》等。主
編《南瀛文學選》九冊。其人熱愛鄉土，透過文藝營，積極帶動臺灣詩
文學的傳播；晚近偏重臺語歌詩的創作與推展，是臺語詩文學推動及
教育的重要舵手。　（文／莫渝）

黃勁連

1948-
鄭烱明

生於高雄市，臺南縣佳里人。中山醫學院醫科畢業。曾任高雄市立大同醫院內科主治醫師，後在鳳山市開設診所。1968年加入笠詩社，1982年與葉石濤等南臺灣作家創辦《文學界》雜誌（季刊），任發行人，出刊28期後停刊；1991年再度創辦《文學臺灣》雜誌，籌組財團法人文學臺灣基金會，舉辦臺灣文學獎，鼓勵臺灣作家。獲笠詩獎創作獎、吳濁流新詩獎、鳳邑文學獎、高雄市文藝獎等。著有詩集《歸途》、《悲劇的想像》、《蕃薯之歌》、《最後的戀歌》、《三重奏》、《凝視》等，詩精選集《存在與凝視》。編輯《臺灣精神的崛起─「笠」詩論選集》、《笠之風華》、《文學的光影》等。詩作〈乞丐〉、〈給獨裁者〉、〈誤會〉為代表作。鄭烱明詩作的文詞簡潔不黏滯，富人道主義的關切，樹立現實主義風格的典型。（文／莫渝）

鄭 烱 明

江自得

生於臺中市。高雄醫學院醫科畢業，任臺中榮總胸腔內科主任。1967年加入高醫阿米巴詩社。曾任臺杏文教基金會董事長、笠詩社社長、《文學臺灣》雜誌社社務委員。曾獲吳濁流新詩獎、陳秀喜詩獎、臺中文學獎、2016年第三十九屆吳三連文學獎。著有詩集《那天，我輕輕觸著了妳的傷口》、《故鄉的太陽》、《從聽診器的那端》、《給NK的十行詩》、《月亮緩緩下降》、《Ilha Formosa》、《臺灣蝴蝶阿香與帕洛克》、《給Masae的十四行詩》、《鬧鐘響了：江自得小詩集》等十餘冊。散文集《漂泊——在醫學與人文之間》。江自得，從熱愛生命到關心弱者的醫生情懷，到熱愛土地關注國族的詩人節操，他的胸襟、詩篇飽滿著愛與和平的堅持。進入新世紀，江自得的詩筆縱深臺灣歷史與版圖。　（文／莫渝）

江自得

1948-
陳明台

生於臺中縣豐原鎮。詩人、文學評論家、日本詩文學譯者。先後畢業於
文化大學歷史系、歷史研究所，1974年赴日留學，修畢日本筑波大學
歷史人類學博士課程，返國後曾任淡江大學日文系副教授、國立中正
大學中文系副教授，現已退休。陳明台在學生時期，即籌組「華崗詩
社」，畢業後加入笠詩社，曾獲巫永福文學評論獎。著有詩集《孤獨的
位置》、《遙遠的鄉愁》、《風景畫》等。評論集《心境與風景》、《前衛
之貌》、《臺灣文學研究論集》、《臺中市文學史初編》等，也是日本詩
的重要翻譯者。陳明台認為詩是「個人的精神史的紀錄與呈現」，他
的詩：用凝滯沉濁乾硬的即物筆端，描摹現代人疏離、浮盪、不安定的
心靈。　（文／莫渝）

1948-

莫渝

本名林良雅，生於苗栗縣竹南鎮中港溪畔，現居北臺灣大漢溪畔。詩人、法國文學譯者。淡江大學畢業。曾擔任小學教師、出版公司文學主編、《笠》詩刊主編，任教靜宜大學、聯合大學。1964年開始寫詩，1970年代開始有系統翻譯法國詩。曾獲2008年第十六屆榮後臺灣詩人獎。著有詩集：《無語的春天》、《水鏡》、《革命軍》、《畫廊》、《貓眼，或者黑眼珠》、《都耕佃農》等十餘冊；臺語詩集《春天ê百合》、《光之穹頂》兩冊；另有散文、評論及編譯法國文學。莫渝的詩，把現實生活的無奈和溫情，融入感動與批判的作品中。早期詩〈苦竹〉，有苦澀的堅持。晚近詩作取材多樣面廣，書寫順暢自然開朗。莫渝自我界定：現實主義人文關懷的臺灣詩人。2016年以來，日寫一首5行以內的短詩，推動輕體詩，朝向抒情的純淨寫作。

（文／莫渝）

1948-

廖輝英

生於臺中縣豐原鎮，臺灣大學中文系畢業。曾任廣告公司、建設公司企畫部經理，《婦女世界》月刊總編輯等。

善於說故事的廖輝英，創作文類包括散文、小說及兒童文學。第一部作品《油麻菜籽》震驚文壇，一舉成名，成為最為人知的代表作之一，也因本書獲得時報文學獎首獎，且改編拍成電影。其後《輾轉紅蓮》、《相逢一笑宮前町》、《月影》，等四本著作合稱為「老臺灣四部曲」。其文筆細膩、重視情節鋪設，史料考據完善、創作廣泛地描繪從日治時期至今臺灣女性面對家庭、職場，生活、婚姻、外遇、婆媳問題，女性在臺灣社會變遷傳統與現代中的角色變化，充滿女性自覺。廖輝英作品深切打動女性讀者回饋，被認為是社會性最強、共鳴最大、最具現代感的小說家。曾獲2006年第二十九屆吳三連文學獎。

（文／葉益青）

陳耀昌

生於臺南市，血液疾病醫生、小說家。1983年完成臺灣第一例的骨髓移植，獲衛福部「衛生福利專業獎章」。2006年參與紅衫軍反貪腐活動。獲巫永福文化評論獎、臺灣文學獎圖書類長篇小說金典獎、新臺灣和平基金會臺灣歷史小說獎。著有小說《福爾摩沙三族記》、《傀儡花》、《獅頭花》等；醫學論著《生技魅影：我的細胞人生》、《冷血刺客之臺灣秘帖》、《島嶼DNA》。透過文獻、身歷其境踏查與史實，精心撰寫臺灣早年的歷史小說，是作者宏偉企圖心的展現，同時揭示了原住民的血淚悲劇史。　（文／莫渝）

林瑞明

生於臺南市，筆名林梵。詩人、評論家、文學研究者、歷史學教授、文學史研究者。臺大歷史研究所碩士、日本立教大學研究。成功大學歷史系教授退休。曾擔任國家臺灣文學館籌備處第一任主任（2003－2005年）。著有詩集《失落的海》、《流轉》、《未名事件》、《青春山河》、《海與南方》等五部；文集《楊逵畫像》、《少尉的兩個世界》；學術論著《晚清譴責小說的歷史意義》、《臺灣文學與時代精神：賴和研究論集　》、《臺灣文學的歷史考察》、《臺灣文學的本土觀察》等。主編《光復前臺灣文學全集》（短篇小說八卷，與張恆豪、羊子喬合編）、《臺灣作家全集》（短篇小說卷戰後第二代，與陳萬益合編）、《賴和全集》、《賴和手稿集》、《賴和漢詩初編》、《賴和手稿影像集》及《國民文選・現代詩卷》三冊。作為臺灣文學研究的先行者，他對賴和的研究最深廣。作為詩人，宋澤萊稱他是「臺灣象徵主義的標竿」，以及「南島民族詩作書寫的前端」。　（文／莫渝）

1950–
郭成義

生於基隆市。詩人、政治評論家、新聞工作者。曾任雜誌、報社編輯，長期擔任《自由時報》撰述委員至退休。1970年代初與同輩年輕詩人活躍於《笠》詩刊，1976年獲優秀青年詩人獎，1982年創刊《詩人坊》季刊，1990年獲吳濁流新詩佳作獎。著有詩集《薔薇的血跡》、《臺灣民謠的苦悶》、《國土》、《我們茉莉花》及小說散文詩合集《薔薇的剪裁》；評論集《從抒情趣味到反藝術思想》、《詩人的作業》；主編《當代臺灣詩人選‧1983卷》。郭成義認為「詩就是挖掘世人意識深谷的馨香之花」。他平實的生活詩篇，填注情愛起伏的心緒，呈現生命誕生的新意義，也在自己的國土跟政治過招。　（文／莫　渝）

陳鴻森

生於高雄縣鳳山市。現居臺北。詩人、中國經學專家。畢業於臺灣大學中文系，1981年赴日本研究，回國後任職於中央研究院歷史語言研究所，升任研究員、中研院傅斯年圖書館館長、國立中央大學中文研究所合聘教授、四川大學古籍研究所兼任教授，從事清代學術史及中國經學史研究工作。

1968年創辦《盤古詩頁》月刊，1970年加入笠詩社，獲1985年第十六屆吳濁流新詩獎。著有詩集《期》、《雕塑家的兒子》、《陳鴻森詩存》等，編輯《笠詩刊三十年總目》及規劃笠詩社學術研討會。〈空虛的吠聲〉、〈魘〉、〈郅有天下〉、〈比目魚〉等詩是代表作。他的語言冷冽，意象豐富，尤精於暗喻與反諷，彷彿匕首刺穿民族歷史的黑洞與批判體制。　（文／莫渝）

馮青

本名馮靖魯，生於中國青島，在臺灣成長，中國文化大學歷史學系畢業，曾為「創世紀」詩社、「陽光小集」詩社、臺灣筆會成員，也曾在報社及出版社工作，主持過電臺節目。馮青創作文類包括詩、散文、小說，小說以批判手法表現，描述於困頓及困局中的人們，文字節奏極受其所喜愛的舞蹈及電影影響，具有豐富畫面，著有小說《藍裙子》、《懸浮》等。而其詩作具有獨特節奏，意象瑰麗，語言鏗鏘，詩人洛夫曾評馮青：「簡單的句法，空靈的意象，特殊的氣氛，在在顯示出她正努力為我們找回業已失去的詩的語言感性。」自詩集《天河的水聲》出版，便頗受詩壇注目，另有詩集《快樂或不快樂的魚》、《給微雨的歌》等。　（文／葉益青）

1950–

阿盛

本名楊敏盛，生於臺南縣新營市。散文家。東吳大學中文系畢業，曾任中國時報系記者、編輯、主編、主任等職。著有散文集《唱起唐山謠》、《行過急水溪》、《綠袖紅塵》、《如歌的行板》、《船過水有痕》、《火車與稻田》、《三都追夢酒》、《海角相思雨》等二十餘冊；選集《散文阿盛》、《阿盛精選集》等，長篇小說《秀才樓五更鼓》、《七情林鳳營》。獲南瀛文學傑出獎、五四文藝獎、2010年第三十三屆吳三連文學獎、中國文藝協會文藝獎章、2012年中山文藝創作獎、第二十二屆吳魯芹散文獎。自1994年成立「寫作私淑班」迄今，培育不少後起之秀。〈火車與稻田〉為多種高中國文課本選入的教材。阿盛認為「天地之間皆文章，放心下筆大是好。」以及「離開土地，文字只是虛幻的遊戲。」早期散文，著筆家鄉懷舊，晚近寫作面向更為寬廣。　（文／莫渝）

林雙不

本名黃燕德，筆名碧竹，生於雲林縣東勢鄉。1980年筆名改為「林雙不」，1995年改名「黃林雙不」。輔仁大學哲學系研究所碩士。曾任教於員林高中、中興大學、臺南神學院等，擔任屏東縣教育局局長、屏東滿州國中校長等。獲文復會金筆獎散文獎、聯合報小說獎、1987年第十八屆吳濁流文學獎、賴和文學獎，美國紐澤西臺灣同鄉會「關懷臺灣基金會」傑出貢獻獎等。啟蒙與影響寫作深遠的小說是《齊瓦哥醫生》及其電影。中學開始發表創作，在1970年代出版了近20冊文學書。後續有詩集《臺灣新樂府》、小說集《篤農林金樹》、《大學女生莊南女》、《黃林人物誌》、《回家的路》與長篇小說《決戰星期五》等；編有《臺灣小說半世紀》、《二二八臺灣小說選》。另有時論集、演講集多冊。碧竹時期作品多抒情、美文、感性散文，林雙不時期文學專注於關懷社會與公理正義議題。　（文／莫渝）

廖玉蕙

生於臺中縣潭子鄉，東吳大學中文系碩士、博士，曾任《幼獅文藝》月刊編輯，任教於東吳大學中文系、世新大學中文系、臺北教育大學等校系。廖玉蕙創作文類以散文為主，兼及論述、小說及報導文學。研究中國古代戲曲小說，出版多本學術專著，曾獲1994年中山文藝創作獎、第十九屆吳魯芹散文獎、2015年第三十八屆吳三連文學獎。

著有《不信溫柔喚不回》、《嫵媚》、《如果記憶像風》、《我把作文變簡單了》、《五十歲的公主》、《像蝴蝶一樣款款飛走以後》等多本散文集，其觀察生活入微，從平常事件著手，文字風格平實，真誠溫柔敦厚，筆調活潑幽默，鮮明描繪各式人物性格，讓讀者閱讀之際，均能深深感動，在輕鬆中見細膩，溫暖和笑料不斷。近年書寫祖孫之間情誼的親子散文，例如關於母親的《後來》，有悲有喜，有哭有笑；書寫與孫女相處的《送給妹妹的彩虹》，在在顯現家庭情感，處處是真情與溫柔。　（文／葉益青）

羊子喬

本名楊順明，生於臺南縣佳里鎮。詩人、散文家、文學評論者。臺灣師範大學臺灣文化暨語言文學研究所碩士。曾任遠景出版公司主編、自立報系資深編輯、南投縣政府簡任秘書、前衛出版社總編輯、國立台灣文學館助理研究員、靜宜大學兼任講師等。曾加入主流詩社、笠詩社。曾獲1995年第三屆南瀛文學貢獻獎。著有詩集《月浴》、《收成》、《該是春天為我們開門的時候》；散文集《太陽手記》、《輪迴》、《走過人生街頭》；評論集《蓬萊文章臺灣詩》、《神祕的觸鬚》、《鹽田裡的詩魂》、《黑潮輓歌──楊華及其作品研究》、《臺灣主體的建構》等。詩文合集《羊子喬詩文集》、《西拉雅・北頭洋部落紀事》。羊子喬，在城鄉之間遊走，表現「人」的生存與挫折；1980年代以來，注意到原住民和平埔族的詩作，顯示尋根的深義。　（文／莫渝）

古蒙仁

本名林日揚，出生於雲林縣虎尾鎮。報導文學作家、小說家。現居於桃園青埔。美國威斯康辛大學文學碩士。曾任中國時報撰述委員、中央日報副總編輯、國家文藝基金會副執行長、雲林縣文化局長、文建會主委辦公室主任。曾任教中興大學、中央大學。獲時報文學獎、1987年第十屆吳三連文學獎、金鼎獎、中興文藝獎、文藝協會獎章。任職中央日報時，編輯《海外詩存》等叢書多冊。著有報導文學《黑色的部落》、小說《雨季中的鳳凰花》，散文集《吃冰的另一種滋味》、《凝視北歐》、《溫室中的島嶼》、《台灣山海經》、《虎尾溪的浮光》、《青埔悠活》等三十餘種，其中〈吃冰的滋味〉一文入選國中國文教科書。自認「一生奉獻文化傳播事業」的古蒙仁，肯定「鄉土是臺灣文學的根，城鄉是臺灣的本」，只要他生活過的走過的，都留下特殊風貌和特色的文字記錄，包括國外。　（文／莫渝）

李勤岸

1951-

本名李進發，筆名牧尹、慕隱。出生於臺南縣新化鎮。美國夏威夷大學語言學博士。臺灣師範大學臺灣語文學系退休教授，曾任教美國哈佛大學、臺文筆會創會理事長、臺灣母語聯盟理事長。獲榮後臺灣詩人獎、南瀛文學傑出獎、臺灣文化獎等。1970年代加入後浪詩社詩人季刊。1980年代投入社會運動、教師人權運動、臺語文運動。出版詩集《黑臉》、《國民三字經》、《李勤岸臺語詩選》、《人面冊ê花蕊》、《食老才知ê代誌》、《咱攏是罪人》、《大人囡仔詩》等；散文集《哈佛臺語筆記》、《海翁出帆》等；論文集《臺灣話語詞變化》、《語言政治kap語言政策》、《白話字文學：臺灣文化kap語言、文學ê互動》等。李勤岸是臺語改革史上的關鍵人物之一，在學院裡推展臺語文學學術及運動的最有力學者之一。　　（文／莫渝）

1951–
陳銘磻

出生於新竹市。報導文學家、旅行文學家、電影編劇、出版人。七十年代末期，受高信疆先生主導的報導文學的啟蒙，第一屆中國時報文學獎，年輕的陳銘磻以《最後一把番刀》獲獎。此一開端，時至如今，半世紀他不渝在報導文學的長路上，幾近自求最高標準的追尋最大的可能。

以父之名。追隨曾經在日本大阪求學，而後以記者為終生志業的父親首途那扶桑北國，竟然成為陳銘磻另類的漂亮創新的獨具風格；日本文學地景十二書，古代的源平歷史興亡，近代從明治、大正、昭和的文學作家不朽的巨著，夏目漱石、芥川龍之介、谷崎潤一郎、川端康成、三島由紀夫……他抵達文豪們居住地，映照文學中的生命悲歡，比日本作家還要深切。

陳銘磻，以報導文學，已然完美的為壯志未酬的父親還其大願，也為台灣留下珍貴的文學旅行「知日派」最為豐美的典範。　（文／林文義）

1952-

李昂

生於彰化鹿港。古鎮鹿港的十六歲女孩：施淑端，在課業繁重的中學餘暇，完成了首篇小說〈花季〉。而後是臺北繁華首都的陽明山大學青春的再續小說，那般地虔誠、真切的允身文學；留學渡海的在美國西北方的奧瑞岡，獲戲劇學碩士。

名著《殺夫》可能是一冊被外譯最多不同國家文字的小說。這位具有俠女性格的作家勇於挑戰道德虛矯的禁區，也從不畏懼的介入臺灣戒嚴的黑暗年代，大氣凜然地辨識正義。

最新作品《睡美男》書前頁致敬──川端康成與賈西亞馬奎斯。李昂的文字有她意志堅執的定力，別具風格的自始尋索小說藝術所能抵達的最終極境界，那種孤獨登頂的「非典型」猶若希臘神話中那預言成真的：卡珊卓。一如她以謝雪紅作題《自傳の小說》在旅程遍歷的過程中，同時也迴照著美和愛的追索。曾獲2012年第三十五屆吳三連文學獎。 （文／林文義）

李昂

1952–
李筱峰

出生於臺南縣麻豆鎮。曾任《八十年代》、《亞洲人》雜誌執行主編，
報社記者、主筆，世新大學、國立臺北教育大學臺灣文化研究所專任
教授。曾主持華視教學節目「臺灣史望春風」、民視「臺灣學堂」節目
「講臺灣歷史」。現為國立臺北教育大學名譽教授、吳三連臺灣史料
基金會董事。

主要著作：《臺灣戰後初期的民意代
表》、《臺灣民主運動40年》、《解
讀二二八》、《二二八消失的臺灣菁
英》、《戰後臺灣變遷史略》、《臺灣
史100件大事》、《以地名認識臺灣》
等。另有政論集《眉批臺灣》、《李
筱峰專欄》等多種著作。李筱峰以臺
灣為主體的立場談史論政，呼籲建
立泛南島民主意識並兼容中華文化。
1997年獲美國紐澤西臺灣同鄉會頒
社會服務獎，2005年獲巫永福評論
獎。　（文／潘小俠）

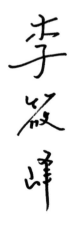

1952-
宋澤萊

生於雲林縣二崙鄉。廖偉峻，是他的本名。隔著臺灣母親般地濁水溪，對岸是雲林原鄉，此岸是久居的彰化鹿港。今時著力於大書《臺灣文學三百年》的論述，讀者印象最深刻的，依然是不朽的小說三部曲：《打牛湳村》、《等待燈籠花》、《蓬萊誌異》，那是七十年代最美的風景。

自始被評論家們定義為天才型作家。正當如日中天的小說好筆，竟習禪學且以臺灣母語歌詠土地和人民；結合眾友創辦《臺灣新文化》雜誌，參與臺灣民主的思潮建構，無懼、耿直的評論臺灣文學界的光影明暗。

宋澤萊入世的憂杞島國的未來，《廢墟臺灣》的核變預言小說，三十年來方興未艾；直指臺灣政治亂象的《血色蝙蝠降臨的城市》。證身為臺灣作家本質，義無反顧的良美初心。曾獲1996年第十九屆吳三連文學獎、2013年第十七屆國家文藝獎。　（文／林文義）

陌上塵

苗栗縣客家人，臺灣知名的工人作家。基隆立德高工畢業。曾任臺灣造船公司技工、中國造船公司高雄總廠技工、《今周刊》駐高雄記者、《南方快報》採訪記者。曾與友人創辦《陽光小集》詩刊，和沙穗等共同主編《暴風雨》詩刊。陌上塵的創作文類有散文和小說。早年寫詩，因工作環境所致，故有一系列描寫工人生活的〈黑手詩抄〉，推出後逐漸建立起自己作品的風格。吳晟曾說：「年輕詩人中作品最能反映出工人層面和精神內涵的，一是何炳純，一是陌上塵。」1979年受李喬指導開始寫小說，此後便開始創作系列勞工小說，其後與楊青矗同列名為臺灣文壇「工人小說」代表，作品反映出勞工階級在工作、生活及內心的掙扎和需求。（文／莊華堂）

陌上塵

利玉芳

屏東縣內埔鄉人。為笠詩社、台灣現代詩人協會同仁,具代表性的客家
詩人。自家鄉的初中畢業後考上屏東女中,因各種緣故而申請休學,
進入高雄加工區工作,並重考進入高雄高商夜間部就讀,此後半工半
讀,期間她開始以筆名「綠莎」陸續
發表散文於《中國婦女週刊》,並因
在週刊登載徵筆友訊息,與丈夫顏壽
何結下因緣。日後參加鹽分地帶文藝
營,結識多位臺灣詩人並加入笠詩
社,之後以本名發表詩作。著有《活
的滋味》、《貓》、《向日葵》、《淡飲
洛神花的早晨》等詩集;散文集《心
香瓣瓣》、《我家在下營》。曾獲1986
年第十七屆吳濁流文學獎、陳秀喜
詩獎。利玉芳的詩以華文為主,兼及
客語詩,詩作勇於探索女性身體與
情慾世界,例如入選1983爾雅年度
詩選的〈古蹟修復〉驚豔臺灣詩壇。
(文/莊華堂)

林文義

出生於臺北市，詩人、散文家、小說家、漫畫家。臺灣藝術專科學校廣播電視科畢業。《文學家》雜誌社總編輯、《自立晚報》副刊組主編、廣播與電視節目主持人、時政評論員、臺灣筆會祕書長等。獲2012臺灣文學獎圖書類散文金典獎、2014年第三十七屆吳三連文學獎。著有散文集《漂鳥備忘錄》、《銀色鐵棘藜》、《穿過寧靜的邊緣》、《幸福在他方》、《遺事八帖》等四十餘冊，短篇小說集《鮭魚的故鄉》、《革命家的夜間生活》等；長篇小說《北風之南》等；詩集《玫瑰十四行》、《旅人與戀人》、《顏色的抵抗》等；臺灣歷史漫畫集《逆風之島》等。林文義以散文踏入台灣文壇，早期浪漫唯美，中年之後寫實批判。他說：「真摯的面對生命，是我永遠的承諾。」用這樣一句話，詮釋及肯定寫過的以及將寫的巨迭文學。　（文／莫渝）

平 路

出生於高雄市鼓山區，籍貫山東諸城。本名路平，臺灣大學心理系畢業，美國愛荷華大學數理統計系碩士，曾任美國郵政處統計分析師、《中國時報》主筆、駐美特派記者與《美洲時報周刊》主筆、《中時晚報》副刊主任，香港光華新聞文化中心主任，現任中央廣播電臺董事長。

平路關心社會、歷史、文化、性別、政治、人權等議題，創作文類有論述與小說，諸多長篇小說如以孫中山與宋慶齡為本的《行道天涯》、以大明星鄧麗君為本的《何日君再來》、《椿哥》、《東方之東》、《婆娑之島》、以震驚社會的凶殺案為出發的《黑水》，切入不同權力與歷史真實及虛構的社會面向，藉由洗鍊的文字、形式的多元、顛覆一般思考的題材，成就了平路的文學成就，曾獲2016第三十九屆吳三連文學獎等多項文學獎。2017出版《袒露的心》，揭露自身生命底層最隱密的真相，情感真誠。　（文／葉益青）

1954-
吳錦發

高雄美濃客家人，為鍾鐵民之後最具代表性的客籍小說家。吳錦發在國立中興大學法商學院讀社會學系時，開始寫小說，陸續於《臺灣文藝》及報紙副刊發表。畢業後投入電影工作，擔任李行導演《原鄉人》助導，後於《民眾日報》、《臺灣時報》擔任副刊主編、主筆。曾經擔任文建會副主委、屏東縣政府文化處處長。吳錦發著有《放鷹》、《秋菊》、《春秋茶室》、《臺灣無用人》、《妻的容顏》、《流沙之坑》等十幾本小說及新作《人間三步》散文集，主編《原舞者：一個原住民舞團的成長紀錄》、《願嫁山地郎》、《悲情的山林》等書。他挖掘布農族小說家田雅各，是臺灣最早關注原住民的作家。早期作品以美濃鄉土為背景，特別是《青春三部曲》是自己的成長小說，呈現客家原鄉色彩。 （文／莊華堂）

1955–

向陽

本名林淇瀁，出生於南投縣鹿谷鄉。詩人、作詞人、文化政治評論者、
兒童文學作家。政治大學新聞研究所博士，目前擔任國立臺北教育大
學台灣文化研究所教授兼圖書館館長。曾獲時報文學獎敘事詩優等
獎、1978年第九屆吳濁流文學獎、1983年第九屆（舊制）國家文藝獎、
榮後臺灣詩人獎、美國愛荷華大學榮譽作家、南投縣文學貢獻獎、臺
灣文學獎新詩金典獎等。著有詩集《銀杏的仰望》、《種籽》、《十行
集》、《歲月》、《四季》、《亂》等；詩選集《在寬闊的土地上》、《向陽
詩選》；台語詩集《土地的歌》、《向陽台語詩選》；散文集《流浪樹》、
《在雨中航行》等，評論集《康莊有待》、《迎向眾聲》、《喧嘩・吟哦
與嘆息》等。向陽的文字語詞巧思華麗，極盡講究；形式必求工整，以
五行為小單位，兩組五行為《十行集》；兩組十行為《四季》。由此構造
精深渾厚繁複的詩文學世界。　（文／莫渝）

1955–
林央敏

出生於嘉義縣太保鄉。輔仁大學中文系畢業。1974年參加「森林詩社」
《也許》詩刊。寫作不輟，包括詩、散文、小說、文學評論、政治評論及
社會與文化雜文。曾獲1982年《聯合報》散文獎第一名、1991年金曲獎
最佳作詞人獎、1997年榮後台灣詩人獎等。著有詩集《睡地圖的人》、
《駛向臺灣的航路》、《希望的世
紀》，史詩《胭脂淚》等；散文集《第
一封信》、《寒星照孤影》等；短篇小
說集《大統領千秋》、《陰陽世間》
等，評論集《臺灣民族的出路》、《臺
語文學運動史論》、《臺語文化訂根
書》等，編《臺語詩一甲子》、《臺
語散文一紀年》等。代表作《林央敏
臺語文學選》。1987年的〈吓通嫌臺
灣〉乙作，有五十幾位作曲家譜曲，
在臺灣與海外傳唱不輟。他是揮展
臺語文學大纛的重要旗手。

（文／莫渝）

美麗形影若想起／來日再會好時期

鳥隻叫 阮繁棘去／若到故鄉的春天

〈若到故鄉的春天〉——林央敏

1956-

鍾喬

本名鍾政瑩，生於臺中，原籍苗栗三義客家人。中興大學外文系畢業，文化大學藝術研究所戲劇碩士，詩人、作家、劇場工作者。80年代接觸鄉土文學論戰與左翼思潮，與楊渡、詹澈組織「春風詩社」，以詩作來反映社會現實；在陳映真先生的介紹下進入《夏潮》雜誌與蘇慶黎一起工作，建構左翼國際觀與藝術觀。1986年起擔任《人間雜誌》記者、主編，積極參加社會運動。90年代初年創辦「差事劇團」，負責編導民眾劇場演出，鍾喬創作文類包括詩《在血泊中航行》、《靈魂的口袋》、散文《述說一種孤寂》、小說《雨中的法西斯刑場》與劇本《魔幻帳篷》等。創作內容多透過民眾戲劇的理論與實踐，對草根文化溯本追源，思考現在與未來，表達對社會的關懷。

（文／莊華堂）

1956-

莊華堂

桃園縣新屋鄉客家人，小說家、地方文史工作者、紀錄片與小劇場編導。臺北大安高工畢業，曾任職於工程顧問公司擔任設計、監工。1983年進入耕莘寫作會，師從楊昌年、司馬中原寫小說，此後棄工從文，專注於臺灣及客家文化工作30年，曾任優劇團編劇、行政總監，鬥鬧熱劇團、臺客劇團藝術總監。曾獲2007年第三十八屆吳濁流文學獎、巫永福文學獎小說正獎、國家文學館長篇小說金典獎。創作以小說為主，著有短篇小說《土地公廟》、《大水柴》、《尋找戴雨農將軍》，長篇歷史小說《巴賽風雲》、《慾望草原》、《水鄉》，舞臺劇本臺語劇《搬布袋戲的姊夫》、《艋舺戀花》、《茶店查某》，客語詩劇《頭擺頭擺以前》、臺客歌仔戲《身騎白馬》等。 （文／莊華堂）

1957–
方梓

本名林麗貞，出生於花蓮，文化大學大眾傳播系、國立東華大學創作與英美文學研究所畢業。曾任消基會《消費者報導》雜誌總編輯、全國文化總會學術研究組企畫、《自由時報》副刊副主編等。著有《人生金言》、《他們為什麼成功》、《傑出女性的宗教觀》、《第四個房間》、《采采卷耳》、《野有蔓草》、《來去花蓮港》等。方梓從《采采卷耳》開始以蔬菜訴說個人生命歷程與記憶，到了《野有蔓草》從25種野菜寫及各種源流與傳說，也書寫屬於母親的野菜鄉愁；長篇小說《來去花蓮港》以閩、客、國語三種語言交織，書寫不同背景女性落足花蓮的過程，以堅韌的女性移民為主調，獲得2013年第四十四屆吳濁流文學獎，更被改編成為客家電視臺連續劇《新丁花開》，呈現出臺灣女性的生命史。　（文／葉益青）

1957-

劉克襄

本名劉資槐，稱號「鳥人」，出生於臺中縣烏日鄉。詩人、小說家、自然生態作家、臺灣史地研究者、踏查記錄人。中國文化大學新聞系畢業。曾任《中國時報》人間副刊編輯、自立報系藝文組主任。2017年任中央通訊社董事長。曾獲1993年第十六屆吳三連文學獎、中國時報文學獎敘事詩獎、第一屆《臺灣詩季刊》臺灣詩獎、第二十一屆吳魯芹散文獎、小太陽獎等。著有詩集《河下游》、《小鼯鼠的看法》、《革命青年》等；散文《自然旅情》、《隨鳥走天涯》；小說《風鳥皮諾查》、《座頭鯨赫連麼麼》、《永遠的信天翁》、《野狗之丘》及繪本等。

劉克襄的詩批判或控訴，生態踏查散文簡潔生動，循循善誘，有傳教士的細心。動物小說每一部獨特敘述且佳作連連。　（文／莫渝）

廖鴻基

生於花蓮。從上班族到討海人再至專職作家，廖鴻基的生活屬於海洋，他是海洋的苦行僧，也是最佳代言人；從迷戀海洋到書寫海洋進而從事海洋生態保育與海洋教育的推廣，廖鴻基一路走來，信守其與海洋的約定。廖鴻基1996年發跡於文壇，創作不輟，近三十年來，他不斷探索、不斷書寫，將其對海洋的愛戀，轉化為一部部的文學著作。至今，廖鴻基出版著作超過二十餘本，獲各大重要文學獎肯定，包括1996年第二十七屆吳濁流文學獎、2003年第十二屆賴和文學獎、2019年四十一屆吳三連文學獎，並名列臺灣當代十大散文家。

不只創作欲念不斷翻滾，廖鴻基還將持續推廣海洋教育，促進海洋政策的鬆綁，同時扎根海洋科普於民間，他要讓更多人開啟寬敞的人生大海。　（文／邱奕嵩）

路寒袖

本名王志誠，出生於苗栗縣苑裡鎮，後遷居臺中縣大甲鎮。東吳大學中文系畢業。1982年創辦「漢廣詩社」出刊《漢廣詩刊》，擔任社長兼發行人。曾任職臺灣日報副總編輯兼文藝中心主任、「文化總會」副秘書長、高雄市文化局長、臺中市文化局長等。曾獲1999年第八屆賴和文學獎、2005年第十四屆榮後臺灣詩人獎、金曲獎最佳作詞人獎、金鼎獎最佳作詞獎等。出版詩集《早，寒》、《夢的攝影機》、《我的父親是火車司機》、《路寒袖臺語詩選》、《那些塵埃落下的地方》等；攝影詩文集《何時，愛戀到天涯》、《走在，臺灣的路上》等；散文集《憂鬱三千公尺》、《歌聲戀情》，繪本書《像母親一樣的河》，主編詩文書刊甚多，另有音樂作品六十餘首。〈臺北新故鄉〉、〈春天的花蕊〉兩首歌為其知名之作。不論何種方式書寫，路寒袖堅持以真誠真實的態度，傳遞感動的力量。　（文／莫渝）

方耀乾

臺南市人。臺語詩人、文學研究者、教授。中國文化大學西洋文學研究
所碩士、成功大學臺灣文學研究所博士。目前擔任國立臺中教育大
學臺灣語文學系特聘教授兼系主任。曾獲1998年第六屆南瀛文學獎
新人獎 、2006年第三十七屆吳濁流
文學獎、2009年第十八屆榮後臺灣
詩人獎、2015年巫永福文學評論獎
等。著有臺語詩集《阮阿母是太空
人》、《予牽手的情話》、《白鴒鷥之
歌》、《將臺南種佇詩裡》、《方耀乾
臺語詩選》、《方耀乾的文學旅途》、
《烏/白》、《臺窩灣擺擺 Tayouan
Paipai》、《我腳踏的所在就是臺灣：
世界旅行詩》等。詩作翻譯成英文、
西班牙文、土耳其文、蒙古文、日文、
孟加拉文出版，入選各國詩選。主編
《臺語文學史簡冊：臺語文學的起源
與發展》。方耀乾是戰後臺語文學第
二代重要作家，也是臺語文學理論的
建構者及臺語教育、課程主要推動人
之一。 （文／莫渝）

1961-
江文渝

出生於臺中，美國德州大學奧斯汀分校碩士，德拉瓦大學語言學系博士，現任臺灣大學語言學研究所暨外文系教授。

江文瑜將女性議題化為詩作，第一本詩集《男人的乳頭》獲得1999年陳秀喜詩獎。2000年以〈阿媽的料理〉系列詩十首獲吳濁流文學獎；2001年出版詩集《阿媽的料理》，以台灣女性生命史和臺灣歷史交織、更以食物譬喻貫穿整本詩集。江文瑜嫻熟語言的結構應用，文字直接、大膽跳躍，筆力辛辣，頗具圖像性，以描述女性身體與情慾傳達女性主義理念。1998年發起臺灣第一個全為女性詩人的「女鯨詩社」，編輯《詩在女鯨躍身擊浪時》；推動「阿媽的故事」書寫，也為臺灣第一位留日女畫家陳進書寫傳記，另有《佛陀在貓瞳裡種下玫瑰》、短篇小說集《和服肉身》等作品。　（文／葉益青）

1961-

簡媜

本名簡敏媜，出生於宜蘭，臺大中文系畢業，曾任編輯、出版者，曾創辦「大雁出版社」，是當代重要散文作家。就讀大學時已持續從事散文創作，1985年出版第一本作品《水問》，書寫大學四年生活及所遇、所學、所悟，筆觸自然，深富意蘊。簡媜的作品風格多變，從最初少女風格的《水問》、《只緣身在此山中》、《月娘照眠床》，到1999年身為人母之後的《紅嬰仔》，由少女轉成母親的思維，等同一部育嬰小史。2002年的《天涯海角－福爾摩沙抒情誌》跟隨祖先的步履，穿越時空，記錄先人渡海來臺的歷程。2007年則以《老師的十二樣見面禮》大受歡迎，2013年寫下《誰在銀閃閃的地方，等你：老年書寫與凋零幻想》，探討「生老病死」的人生課題，文風多變，文字細膩婉約。曾獲1990年中國文藝協會文藝獎章、1992年第九屆吳魯芹散文獎、1994年第二十屆(舊制)國家文藝獎。　（文／葉益青）

楊翠

出生於臺中，為臺灣日治時期新文學作家楊逵的長孫女，自幼隨祖父居於東海花園，深受影響，亦走上文學之路。楊翠為臺灣大學歷史研究所博士，現任東華大學華文文學系教授及促進轉型正義委員會代理主委。關心議題為臺灣史、臺灣文學史、臺灣原住民族文學與文化、臺灣婦女史、臺灣女性生命史、臺灣女性文史、臺灣女性小說等。

楊翠創作以散文與文化評論為主，涉及性別、文學、歷史、文化議題，富含社會關懷與文化批判，筆觸溫柔，出版過散文集《最初的晚霞》以及《壓不扁的玫瑰：一位母親的318運動事件簿》，觀察紀錄太陽花運動。楊翠學術研究著重在臺灣史，與施懿琳、許俊雅、鍾美芳等合著《臺中縣文學發展史》、《彰化縣文學發展史》二書，為臺灣地方文學史的書寫奠定基礎。　（文／葉益青）

1963-

蔡素芬

出生於臺南縣七股鄉鹽村，六歲隨父母移居高雄，於高中時期開始寫作，其後入淡江大學中文系，一年級時獲五虎岡文學獎短篇及極短篇小說雙料第一名，獲評審司馬中原鼓勵；大學二年級，蔡素芬以〈一夕琴〉獲《中央日報》百萬文學獎小說類首獎。1988年出版第一本短篇小說集《六分之一劇》，隨即赴美國就讀德州大學聖安東尼奧分校雙語言文化所，返臺後於1993年寫下《鹽田兒女》代表作，人物與人物間隱藏的親情、愛情，鹽田區域的生活型態及臺灣社會的變遷，深刻含蓄，感動無數讀者，獲《聯合報》長篇小說獎，1998年改編為電視劇，為公共電視臺開臺之作。其後陸續完成《鹽田兒女》三部曲，《姐妹書》、《燭光盛宴》、《海邊》等作品，曾獲 2014年第三十七屆吳三連文學獎，反映出不同世代所處的社會環境及處境，文體與題材不斷創新。

（文／葉益青）

1963-
江元慶

生於臺北市。政大傳播學院在職專班碩士。曾任司法記者逾20年，認為報導文學有經世致用之效，著述書籍，人權意識鮮明。敘述身分人權之《滿星疊悲歌》，獲年度優良書籍；喚醒軍中人權之《南陽艦魅影》，獲中華民國政府優良出版品獎。

作者歷時十年，連續出版深層探討臺灣司法積弊的《流浪法庭30年》、《鹿港幽魂》、《司法太平洋》。此併稱為「流浪法庭／三部曲」之書籍，引起廣泛重視，民間司改團體認為「影響臺灣司法深遠」。其中，《流浪法庭30年》除催生政府施行「刑事妥速審判法」（速審法），並間接促使大法官會議做出第670號解釋，宣告「冤獄賠償法」第2條第3款違憲，限期失效，現行之「刑事補償法」繼而施行。《鹿港幽魂》引發「特偵組」立案偵辦。《司法太平洋》則使司法院於2019年相繼通過「商業事件審理法」、設置「商業法院」，送進立法院審議。

2019年因「流浪法庭／三部曲」榮獲吳三連文學獎，評審團評定作者「開拓文類寫作領域及於司法、提升報導之學術價值、發揮可觀之影響力，都是國內報導文學作品少見者。」

（文／潘小俠）

鴻鴻

本名閻鴻亞，出生於臺南市。詩人、劇作家、導演、劇團負責人。國立藝術學院戲劇系畢業。曾任《現代詩》、《現在詩》、《衛生紙》詩誌主編、台北詩歌節策展人、新北市電影節策展人。1994年創立密獵者劇團及黑眼睛文化公司。獲獎甚多，包括2008年度詩人獎、2013年第三十六屆吳三連文學獎，以及國外影展獎項。鴻鴻在高中即陸續加入1980年代的青年詩社，並選擇口語化的寫作方向，嘻皮笑臉式的輕鬆詩行詩句，貼切了生活層面。著有詩集《黑暗中的音樂》、《土製炸彈》、《暴民之歌》等；另有散文、小說、電影小說、劇評集等多冊。早期詩作探索夢與現實之間的關係，新世紀以來，搭配影劇的宏觀視野，詩的筆觸也介入臺灣社會與國際議題的觀照，表現文字詼諧，內涵卻直撞人心的現實悲劇精神。《土製炸彈》一書是他的詩文學制高點。（文／莫渝）

郝譽翔

出生於高雄，臺灣大學中國文學研究所博士，曾任教於東華大學、中正大學、現任國立臺北教育大學語文與創作學系與臺灣文化研究所教授，並從事寫作。

郝譽翔創作以小說和散文為主，首本結集出版的小說集為《洗》，與《逆旅》、《初戀安妮》等三本作品，敏感的抓住女性在社會、家庭處境的角色，深入刻劃人物心理，筆觸細膩，描述種種情慾的異象，被解讀為當代女同志文學書寫的讀本，呈現各式都市女性文學範疇。她常透過旅行來梳理原生家庭的關係，散文多為抽象的書寫生活經驗和感受，其著作有小說集《那年夏天，最寧靜的海》、《幽冥物語》；散文集《溫泉洗去我們的憂傷》、《衣櫃裡的秘密旅行》及電影劇本《松鼠自殺事件》等，曾獲2012年中山文藝創作獎、時報文學獎、臺北文學獎等。　（文／葉益青）

1969-

曾郁雯

生於臺北。媒體給了作家一個美稱:「珠寶詩人」。

一九八六年臺大歷史系畢業的曾郁雯,開始為掌中戲大師李天祿先生書寫回憶錄《戲夢人生》,而後由侯孝賢拍成傳記電影。

主業是珠寶設計師,也是臺灣第一位被蘇富比、佳士得兩大國際拍賣公司賞識的設計師;她以文學的典雅作題「人間四月天」系列的珠寶創作,獲得兩岸三地的收藏者好評,更以〈幸福進行曲〉榮膺金馬獎作家電影詞曲獎。

曾經因商務繁忙的作家,滯筆八年後終於回歸摯愛的文學寫作;攝影和散文的旅行文學十年來,成為拜訪日本的尋景好書。聯合文學版的《京都之心》、《綺麗京都》,猶若珠寶設計的獨具美質,曾郁雯的文字是靈性與知性交會的和式美感;她說:文學是我的最愛,京都我的第二個故鄉。　(文/林文義)

1972-
吳音寧

生於彰化溪州。農村出身，到臺北就讀東吳大學法律系，在臺灣民主化的進程中，街頭，曾是她的教室。畢業後，擔任臺灣日報編輯與記者的工作，走上寫作之路。出版詩集《危崖有花》。遠赴墨西哥東南山區採訪原住民游擊組織，寫作《蒙面叢林—探訪墨西哥查巴達民族解放軍》一書，是臺灣文學作品中罕見的題材。因「白米炸彈客」事件，深入追蹤調查，繼而完成二十五萬字的《江湖在哪裡——臺灣農業觀察》，成為大專院校課堂中，教授臺灣戰後五十年農業變遷史的普遍用書。除了寫作，更親身投入農業議題的社會實踐，在第一線組織農民，推廣友善農業。曾擔任北農總經理，卸任後持續寫作。綜觀來說，寫作與社會實踐是她生命中的兩大主軸，相互呼應。 （文／潘小俠）

胡長松

出生於高雄市。清華大學資訊所碩士。現任電信公司新創服務產品開發部門經理。曾任《臺灣e文藝》總編輯、《臺文戰線》總編輯。獲王世勛文學新人獎、海翁臺語文學獎小說類正獎、2015年第三十八屆吳三連文學獎。

胡長松原先以華文寫作，2000年開始臺語文學創作。著有詩集《棋盤街路的城市》，長篇小說《柴山少年安魂曲》、《骷髏酒吧》，臺語小說集《槍聲》、《燈塔下》、《金色島嶼之歌》、《復活的人》。《槍聲》是有關二二八事件的第一部臺語小說。

學者廖瑞銘認為：「他的臺語詩講求表現歐美現代文學技巧，講求形象與音樂的協調。」施俊州從小說閱讀肯定：「胡長松的魔幻書寫臺語小說有強烈的去殖民動機。」（文／莫渝）

胡長松

台灣作家一百年
政治受難者作家
100 YEARE OF
TAIWAN
WRITER

高一生	胡子丹	呂秀蓮
史明	陳映眞	林樹枝
柏楊	姚嘉文	洪惟仁
鍾逸人	楊青矗	陳列
葉石濤	劉峰松	楊碧川
柯旗化	王拓	

折不斷的筆桿
政治受難的台灣作家群相

作家一直被看成是一個社會的知識良心，過去台灣經歷日本五十年的殖民統治；更在二次戰後受到國民黨政府228事件的屠殺，以及隨後的戒嚴令下，展開近四十年的白色恐怖。雖然，文學傳統上，抵抗是文學的精神，被捕坐牢，只想為社會發聲，幾乎是台灣作家與知識份子的宿命。

根據官方統計，戒嚴時期台灣約有二萬九千多的政治案件，受難人數近十四萬餘人。相關案件正由促轉會、國家人權博物館、以及檔案管理局等單位，負責解密、平反與真相公開的作業中，那是十分龐大的歷史工程。

台灣作家不分本省與外省，都在這段白色恐怖的漫長歲月裡，遭受到傷害、連累。攝影家潘小俠長期追蹤拍攝這些曾被折斷筆桿的作家，也看到他們出獄後又恢復筆耕，為台灣的自由、民主與人權發聲。他們曾遭遇挫折、打壓、坐黑牢，卻不改其志，他們所完成的作品，深入人性，為時代做見證，深受尊敬。

舉例來說，台灣50年代的受難者葉石濤，他因飽讀群書，因而向學長陳福星購買雜誌，卻被控知匪不報，判刑五年，關三年多後於1955年出獄。在擔任國校教師時，他努力寫作不斷。寫台灣鄉土文學介紹，也寫台灣文學史綱，更從事小說創作，以及50年代的白色恐怖回憶。雖然，葉石濤曾說：「作家是天譴的工作」，但是他為台灣文學史與作家曾被折斷筆桿，冤屈地去坐牢的遭遇與歷史，留給後人去瞭解的機會。

另一位從中國來台的作家柏楊，他的遭遇則不同。1950年代的柏楊，被控收聽大陸廣播，被判6個月。他與蔣經國交好，曾任職救國團，也在自立晚報上班，寫專欄。但他卻在1968年因翻譯「大力水手」漫畫時，將流落小島的大力水手父子的競選演說，很神來一筆地翻譯為：「全國軍民同胞們……」，因此被捕判刑十二年，經蔣介石死去被減刑，於1978年出獄。後來寫作資治通鑑數十冊，是歷史、思想大家，也是人權專家。他在綠島人權紀念碑上寫下：「在那個年代裡，有多少母親，為她們在島上的孩子暗夜哭泣……」

這裡有17位曾被折斷筆桿的作家，他們的生命故事，圖文並茂。讓我想起曾有人這樣地向坐牢的作家致敬：「當年他們坐牢的印記，將變成榮耀民主的勳章。」

陳銘城

1908-1954

高一生

原住民族名—Uyonge Yatauyongana ，日語名：矢多一生。生於嘉義縣阿里山鄉特富野部落，鄒族人，是日本眼中的「模範番童」。

他在阿里山上的達邦番童教育所五年級時，轉入嘉義尋常高等小學校，後來就讀臺南師範，也學習鋼琴與作詞、作曲，是第一位鄒族師範畢業生。

1926年他結識俄國來臺的語言學家聶甫斯基，1927年7-8月，協助他從事一個多月的鄒語調查，彼此靠日語溝通，後來聶甫斯基編寫成《臺灣鄒族語典》。

1930年師範畢業後，在達邦教育所任教，結識湯川春子（戰後改名：高春芳），1931年二人結婚。高一生先後擔任教師、警察、作曲家。

1945年日本戰敗離臺後，他出任吳鳳鄉首任鄉長，鼓勵鄒族人移民至新美、茶山部落。

1947年228時，湯守仁率領鄒族勇士，前往嘉義水上機場聲援民軍，並帶走紅毛埤的彈藥。事件後，向政府自誠，並由泰雅族的省參議員林瑞昌力保，繳回槍械，終於獲釋。

1950年代，共產黨省工委會書記蔡孝乾，藏匿阿里山被捕。又有多位省工委會幹部被捕。高一生也在1952年2月被控自首不誠，再度被捕；同案被判死刑的還有角板山的林瑞昌、高澤照；以及鄒族的湯守仁、汪清山、方義仲。

高一生在歌曲創作有：春之佐保姬、杜鵑山、長春花、登玉山歌、移民歌、塔山之歌等。

他的獄中家書，則像情詩，給妻子、兒女滿滿的愛。

（文／陳銘城）

高菊花於阿里山老家與父親高一生照片合影。2009

高英傑於達邦老家與父親高一生合影。2009

高一生家族全家合影。高英傑提供

1918-2019
史 明

出生於臺北市士林區施家望族，本名施朝暉。早年求學時，就具有反抗意識，後來留學日本早稻田大學政治經濟學部，認同馬克思主義。1943年赴中國擔任地下情報員，1949年不滿中國共產黨作為，返回臺灣，組織「臺獨革命武裝隊」，想暗殺蔣介石，行動失敗，偷渡流亡日本。

在日本東京都開設「新珍味中華料理店」，賣麵食與水餃，同時在1962年撰寫《臺灣人四百年史》，1967年創辦「獨立臺灣會」。1981年起到海外各地宣傳「臺灣民族主義」，影響不少留學生。

他的著作還有《臺灣民族革命與社會主義》、《西洋哲學序說》、《史明回憶錄：追求理想不回頭》等。

1983年盧修一案，就是因與史明連絡，被判感化教育三年。1991年「獨臺會案」，陳正然等人被捕，引發學生與知識界上街頭抗議。1993年史明回臺，繼續在街頭宣傳臺獨運動，2016年擔任總統府資政。2019年因為年事已高，引發器官衰竭病逝。 （文／陳銘城）

史明參加二二八事件七十週年。2017

工同神與

史明出席泰源事件追思會。2017

1920-2008
柏　楊

生於河南開封，本名郭定生，後改名郭衣洞。1946年東北大學政治系畢業，曾任教職，1952－1958年在救國團當副組長，與蔣經國交好。1958－1968年在自立晚報當副總編輯，並撰寫副刊文化專欄「倚夢閒話」。

1961年他用筆名「鄧克保」在自立晚報撰寫滇緬泰邊界的國軍忠貞事跡－《異域》，是著名熱銷百萬冊的戰地小說，後被改拍成同名電影。

1950年代，曾因收聽「匪區廣播」，被判六個月；第二次坐牢則是在1968年3月，為中華日報翻譯連載的「大力水手」漫畫，這幅父子在孤島中競選總統的文告宣言開場白，被他幽默地翻譯為：「全國軍民同胞們……」，因此被調查局以曾參加匪黨組織和打擊領導中心的罪名，判刑12年；後因蔣介石逝世，減刑三分之一。刑滿仍被留置在綠島當僱員。海外學者孫觀漢不斷地寫信給國民黨政府，柏楊才獲釋放。

柏楊在獄中不斷寫作，是有名思想家與歷史評論家。著作以《醜陋的中國人》、《中國人史綱》、《柏楊版資治通鑑》七十二冊最有名。他也曾任國際特赦組織台灣分會會長。

「在那個時代，有多少母親，為她們被囚禁在這個島上的孩子們，長夜哭泣！」則是他為綠島人權紀念碑所撰寫的感人碑文。

（文／陳銘城）

柏楊出席總統府世界人權會。2003

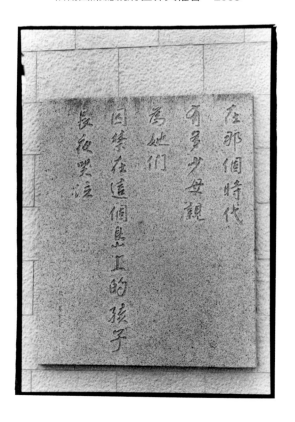

柏楊題字綠島人權紀念碑文。2008

柏楊於新店書房。1986

1921-
鍾逸人

生於臺中大屯，臺中公學校畢業，1938年，鍾逸人瞞著父親赴日求學，考入豐島商業學校（今豐島學院高等學校），並於新東亞學校夜間部學習北京話。1941年考入日本東京外語學校法語科就讀，期間因涉嫌反日思想，而遭移送至巢鴨監獄拘留。1943年返臺後謀得陸軍僱員一職，1945年退伍。因地緣關係與謝雪紅、楊逵等人熟識。退伍後擔任新生活促進隊隊長，以及三民主義青年團臺中分團總務股股員，1946年因「壁報事件」毆警而離開臺中。並以「鍾天啟」之名，擔任「和平日報」嘉義分社主任，兼任阿里山樂野國校校長，與當時的鄉長高一生熟識。1947年2月，因揭露軍方弊案而被關押，於2月27日遭釋放，隔日就發生228事件。

3月1日，鍾逸人與楊逵商議，在臺中召開市民大會，成立市民保衛隊，爾後，隨即組織「二七部隊」與國府軍對抗。二十一師登臺後，他在埔里被捕，原判死刑，但因魏道明宣佈解嚴，重新移送法院審判，改判15年。1962年刑期屆滿，又被移送小琉球職訓隊勞改2年，共坐牢17年，於1964年出獄。

出獄後住彰化縣北斗鎮，與難友共同研發綠藻，事業成功。

1980年代，作家李喬鼓勵他寫回憶錄，他先後完成《狂風暴雨一小舟－辛酸六十年》上下冊，後來又寫續篇《火的刻痕》，2014年又寫《此心不沉－陳地與二戰末期臺灣人醫生》。曾獲第十八屆臺灣文學家牛津獎、巫永福文學獎、吳濁流文學獎、廖述宗紀念獎。

（文／陳銘城）

鍾逸人著作辛酸六十年書菇。2008

鍾逸人於彰化老家。2018

1925-2008
葉石濤

生於臺南市，曾受二年私塾漢學教育，1943年畢業於臺南州立臺南二中（今臺南一中）。同年北上任日本作家西川滿主持之《文藝臺灣》編輯。

1951年葉石濤在臺南永福國校任教時，因喜好閱讀，向學長陳福星（後來才知道他是臺灣共產黨重整後省工委會領導人）購買雜誌《新民主主義》等閱讀，而被控「知匪不報罪」，判刑5年，坐牢3年多獲釋。

1955年出獄後，再任小學教師，結婚、生子，又進臺南師範就讀，取得正式國小教師資格。此後，他便在小學任教，直到1991年正式退休。

1965年起，他為「臺灣鄉土文學」寫臺灣作家評論，是臺灣文學創作與文學評論的先驅，此後他的文學創作生涯綿延半世紀。

葉石濤是跨越日文、中文兩世代寫作的典型臺灣作家，文學著作貢獻卓著。著有《臺灣文學史綱》、《沒有土地，哪有文學》等評論集。創作小說有《葫蘆巷春夢》、《希拉雅族的末裔》，解嚴後更有白色恐怖小說《紅鞋子》、《臺灣男子簡阿淘》，回憶錄《一個臺灣老朽作家的五0年代》。葉石濤先後獲得中國時報文化貢獻獎、巫永福評論獎、鹽份地帶文學貢獻獎、行政院文化獎、2002年獲第六屆國家文藝獎等。　（文／陳銘城）

葉石濤出席鹽份地帶文學營。1986

葉石濤與妻子合影於左營書房。2008

1929-2002
柯旗化

筆名明哲，生於高雄市左營區。是文學家與英語教育工作者。他因母親是旗山人，父親是善化人，所以取名為「旗化」。臺灣省立師範學院（現為國立臺灣師範大學）英語系畢業後，任職中學英文教師。

1951年因為一位高雄中學同學被捕，柯旗化是他的連帶保證人，因而被搜查。在他家裡搜出《唯物辯證法》一書，被判感化一年多。

1953年在高雄女中任教，也曾轉任美軍顧問團翻譯官。1958年創辦「第一出版社」，以販賣他自己的書《新英文法》為主，也暗中出版黨外人士著作。

1961年因弟弟的同學來他家閒聊時事，竟牽連他二度坐牢。1973年刑期屆滿，又被送管訓三年，直到1976年才從綠島出獄返家。

1986年辦《臺灣文化季刊》，1988年9月遭查禁停刊。1992年完成自傳小說《臺灣監獄島》。以筆名明哲創作的詩集《鄉土的呼喚》，是為紀念雄中學長余仁德（當時是臺大法律系學生），在228時被槍決，他以余仁德母親的口吻，寫下了感人的詩〈母親的心願〉。

（文／陳銘城）

柯旗化出席台灣作家座談會。1986

柯旗化在綠島服刑，柯蔡阿李女士提供。

柯蔡阿李與丈夫柯旗化合影。2008

1929–

胡子丹

生於安徽蕪湖。十五歲時，胡子丹看到海軍招考的告示後，就毅然投筆從戎。在江陰訓練營短期受訓後，就上船服役，擔任電信工作。上海失守後，他隨軍艦到左營。1949年因涉「海軍永昌艦陳明誠等案」，於左營被捕，當時他是該艦的電訊上士；起因是一位曾在青島中央海軍訓練團的同學陳明誠，從香港寫信給另一位同學，信末附筆問候胡子丹，引起特務懷疑，連累他在1950年被控「為叛徒搜集關於軍事上之秘密」，判刑10年。

他關押過鳳山的海軍招待所、新店軍人監獄，1951年送綠島新生訓導處。在綠島期間都被指派文化戲劇活動，也利用時間苦讀英文。又經常在新生訓導處的宣導刊物《新生月刊》，發表生活雜感的文章。也在政治課小組討論後，為難友代寫不同論調的發言條，養成日後快速寫作的能力。

出獄後，他舉目無親，成為臺北市遊民，露宿街頭，先後當過三輪車夫、臨時演員、擺地攤賣成衣，後來受到難友的鼓勵，投入文化工作；先在廣告公司寫文

胡子丹於綠島燕子洞曾演劇場的舞台。2008

案，後來開設國際翻譯社，從事翻譯出版工作。一九六五年創辦天人出版社。一九七〇年，在中華商場附近的亞洲百貨公司地下室，成立了由三十家出版社共同經營的「中國書城」，這是臺灣出版業破天荒的合作。

解嚴後，他以「秦漢光」的筆名，在《新聞天地》發表一系列回首綠島的文章——「我在綠島3212天」。2000年系列文章以〈跨世紀的糾葛〉一文，獲得第一屆劉紹堂傳記文學獎，2018年出版《活著真好——胡子丹回憶錄》，持續寫作至今。　（文／陳銘城）

胡子丹於綠島紀念碑。2008

1937-2016

陳映真

本名陳永善，生於臺北縣鶯歌鎮，淡江外文系畢業，曾任職輝瑞藥廠。讀成功高中時，曾參加反美的劉自然事件。

1968年因參加「民主臺灣聯盟」，被控閱讀馬列與魯迅書籍，以及為共產黨宣傳等罪名，判刑10年。後因蔣經國過世減刑，於1975年7月出獄。由於他在坐牢前就是文學雜誌《文季》的編輯委員與重要作家，出獄後寫作不斷，發表小說〈第一件差事〉、〈山路〉、〈華盛頓大樓〉、〈趙南棟〉等，也是1977年「鄉土文學論戰」的主要旗手，反擊余光中等人批評鄉土文學是「工農兵文學」。

曾獲1979年第十屆吳濁流文學獎及時報文學推荐獎。1985年創辦《人間》雜誌，以攝影與報導文學關注社會底層生活。1988年與胡秋原成立「中國統一聯盟」，擔任首屆主席。2016年病逝於中國北京。（文／陳銘城）

陳映真於人間雜誌社。1988

陳映真於人間雜誌社。1986

1938-
姚嘉文

生於彰化縣和美鎮,就讀彰化商職初、高中部,畢業後普考進入電信局。1962年進入臺大法律系,1966年考取臺大法研所,並取得律師執照。

1972年赴美國加州大學柏克萊分校研究法律扶助,1973年與林義雄、張德銘律師,開辦「平民法律服務中心」,1975年為落選立委的郭雨新打官司,事後寫出《虎落平陽》一書,被稱為「黨外大護法」。他也擔任《臺灣政論》雜誌法律顧問,並提供住處當雜誌編輯部。

1979年參與美麗島雜誌,國際人權日遊行後被捕,經軍法審判,被指為美麗島政團五人決策小組之一,判刑12年,1987年服刑滿七年多獲假釋出獄。

他在牢中寫作《臺灣七色記》長篇歷史小說。

出獄後,出任民進黨第二屆黨主席,1992年當選立委。曾任總統府資政、考試院院長。另有《霧社人止關》、《九號任務:美麗島時代女特務》、《新臺灣啟示錄》等著作。曾獲2009年第三十二屆吳三連文學獎。 (文/陳銘城)

姚嘉文於考試院辦公室。2008

姚嘉文於台灣國辦公室。2018

1940-
楊青矗

生於臺南縣七股鄉農家，11歲遷居高雄市。他的父親原為國營工廠救火員，不幸在1968年救火殉職。楊青矗初中、高中的學業都是白天做工，夜晚苦讀下完成。為擔負家計，他曾開過西服店、女裝店、出版社，在工廠擔任十多年的事務管理工作，生活歷練豐富。

他的寫作則是靠自修，卻也是最早看到臺灣從農村跨越到都市化社會問題的作家，作品中常想為離開農村，跑到都市的「工廠人」說話。1970年代末期，楊青矗不但致力於「工廠人」的小說創作，也積極地以自己的中油員工身份，參加全國選區的工人團體選舉，借機串聯當時的黨外選舉活動，同時也擔任1979年美麗島雜誌社高雄服務處主任，因而在美麗島事件中被捕入獄。直到1983年出獄。

他在監獄裡撰寫完成《心標》、《連雲夢》等以臺灣經濟發展為背景的小說。出獄後也曾寫電影腳本，他的作品被認為是研究第三世界勞工問題的重要資料。小說《在室男》被改編為電影。1985年應邀到美國愛荷華大學國際作家工作坊，1987年擔任臺灣筆會首屆會長。小說《工廠人》、《工廠女兒圈》、《廠煙下》是他的代表作，也曾被改編為電視劇「外鄉女」、「奇蹟女孩」。2009年又完成《美麗島進行曲》80萬字小說。獲2002年第二十五屆吳三連文學獎。　（文／陳銘城）

楊青矗於公館書房。2008

楊青矗於景美人權園區。2018

1941-
劉峰松

生於彰化，曾任中、小學教師，法院觀護人，1968年與同為教師的翁金珠結婚。喜好收集臺灣史料文獻，也關心黨外民主運動。美麗島大逮捕後，他四處奔走，聲援受難家屬。

1980年12月，他參選國代，在政見台上揭發美麗島大逮捕內幕，也號召群眾以選票拉倒國民黨。結果被控「競選言論煽惑他人犯內亂罪」，判刑三年半。此後，由妻子翁金珠辭去教職，代夫參選，先後當選國代、立委與彰化縣長，也曾任文建會主委與不分區立委。劉峰松喜愛文史工作，曾任臺北縣文化中心主任、國史館臺灣文獻館館長。著作有《臺灣動物史話》、《黑獄陽光》、《黑獄螢光》、《黑獄風光》、《臺灣的黑暗時代》，並於1995年成立半線文教基金會，並捐贈為數龐大的藏書與文獻給基金會，成立「台灣文化資料中心」加以收藏。 （文／陳銘城）

劉峰松於彰化老家。2008

劉峰松於彰化書房。2008

1944-2016
王拓

本名王紘久，生於基隆市郊八斗子的漁民家庭。

半工半讀的王拓，臺師大畢業後，又完成政大中文研究所碩士學位，也是臺灣鄉土文學代表作家與鄉土文學論戰的大將。

曾寫過《金水嬸》、《望你早歸》的名作，從寫作到研究臺灣漁村問題，認為漁村問題，是臺灣社會問題與政治問題的縮影。因此投入黨外民主運動，1978年登記為國大代表候選人，可惜選舉因與美國斷交而中止。次年因高雄美麗島事件被捕入獄，直到1984年9月假釋出獄。

在獄中，他仍寫作《牛肚港的故事》與《臺北、臺北》二部長篇時代小說；另有在獄中寫給兒女的童話故事《咕咕精與小老頭》、《小豆子歷險記》、《英勇小戰士》等。曾任國大代表、立法委員、文建會主委、民進黨秘書長。

（文／陳銘城）

王拓於台北書房。2008

王拓於景美人權園區舊牢房。2008

1944-
呂秀蓮

生於桃園縣，臺大法律系畢業，美國伊利諾大學比較法學碩士。返國後曾任職行政院法規會，又發起新女性主義運動，勤寫專欄和出書宣揚理念。

1977年二度赴美，在哈佛大學取得第二個法學碩士學位，返國後，曾參選國大代表，因臺美斷交而中止，仍繼續黨外串連活動。1978年出任美麗島雜誌社副社長，1979年12月10日世界人權日，她上臺演講，後來被控「暴力叛亂」罪，以軍法審判，判刑12年。入獄五年多，因甲狀腺癌保外就醫。

1992年當選立委，1997年桃園縣長補選，她高票當選。2000年、2004年與陳水扁搭當，當選8年副總統。

她在獄中寫作的小說《這三個女人》，曾被改編為電視劇。

（文／陳銘城）

呂秀蓮副總統出席世界人權日。2008

呂秀蓮重進看守所，描述當年在監的景況。2208

1946-
林樹枝

生於臺北縣中和，因政治案件受難，前後二度坐牢，共12年。1971年3月與軍中同梯朋友通信，信中提及對於中國國民黨的專政諸多不滿，被控「陰謀以非法之方法顛覆政府」，判刑10年，因減刑，實際坐牢6年8個月。第二次坐牢，則是在美麗島事件中，藏匿施明德，原擬安排施明德偷渡國外，但1980年被捕後，林樹枝原判刑2年，但因他是出獄政治犯，被加重判刑5年，坐牢5年4個月。

林樹枝曾收集整理獄中政治犯資料與故事，寫出《出土政治冤案》、《政治犯的血淚史》、《火種：泰源監獄革命演義》等書。也曾任黨外編聯會紀律委員會召集人，基層之聲電臺臺長等。並於2005年獲全美臺灣人權會的鄭南榕紀念獎。　（文／陳銘城）

林樹枝與妻子重返景美人權園區。2019

林樹枝重返看守所押房景況。2008

1946-
洪惟仁

嘉義縣新港鄉人。高中時家庭搬至北部，轉學到基隆中學，因同學的閩南語和他的南部閩南語，不同腔調，竟引發他對閩南語差異感的興趣與研究，更成為他一生所走的一條路。

文化學院中文系畢業後，他考取臺灣師範大學國文研究所，1973年碩士畢業，即在東南工專任教。1973年，他被控思想左傾，閱讀馬克思主義，以「預備叛亂罪」，判處無期徒刑，後因蔣介石過世而大赦，又經減刑，總共坐牢6年8個月。坐牢時，他就愛讀書，不願浪費時間去當外役。家人寄給他語言書籍和地圖，讓他在牢房裡研究。

出獄後，一段時間沒有工作，僅靠寫作投稿辛苦謀生，但他卻早在1985年就展開語言簡單的田野調查。1987年任中研院歷史語言所助理，同時不斷進修。1996年50歲時考進清華大學語言研究所博士班，2003年獲得博士學位。

先後擔任元智大學副教授，國立臺中教育大學臺灣語文學系創系系主任，現已退休。

著有《臺灣河佬話聲調研究》、《臺灣禮俗語典》、《臺灣方言之族》、《臺灣語言地圖集》等十餘冊。其中，最重要的就是2019年出版的畢生心血：第一冊《台灣語言的分類與分區》、第二冊《台灣語言地圖集》。這二本書是他綜合語言學、方言學、社會學、地理學、歷史學的跨領域研究成果；研究語言包括：閩南語、客語、南島語。
（文／陳銘城）

洪惟仁與妻子重返綠島人權園區。2017

洪惟仁

洪惟仁於桃園書房。2019

1946-

陳　列

本名陳瑞麟，嘉義縣六腳鄉人。淡江大學英文系畢業，1969年在花蓮任國中教師二年。因上課時，回答學生發問，而說出「反攻大陸是不可能的事情」，遭到檢舉。後來，他為了考研究所，辭掉教職，跑去山上住佛寺讀書時，被情治人員逮捕，判刑7年。先後關在景美看守所和土城仁教所，因減刑共關四年八個月。

出獄後，擔任過出版社編輯，而且寫作有成，曾以〈無怨〉獲得時報文學獎散文首獎。1991年以〈永遠的山〉再獲得時報文學獎推荐獎，被譽為「自然書寫與描述玉山的經典作品之一」。2014年以《躊躇之歌》獲台灣文學獎圖書類散文金典獎，同年獲第一屆聯合報文學大獎。　2018年獲選為「當代台灣十大散文家」。

陳列也曾參與政治工作，1993年任民進黨花蓮縣黨部主委，1996年當選國大代表，2002年參選花蓮市長失利後，即結束政治生涯。

2009年開始以當年被捕與坐牢的經歷寫作散文，先後發表作品〈岐路〉、〈躊躇之歌〉。2013年出版陳列作品集《地上歲月》、《永遠的山》、《人間‧印象》、《躊躇之歌》等四冊。他也經常受邀擔任各大學院校的駐校作家及白色恐怖景美紀念園區駐館作家。

（文／陳銘城）

陳列於花蓮書房。2008

.陳列重返綠島押房。2008

1949–
楊碧川

生於新竹市，在臺北長大，臺灣省立臺北成功中學。

1970年因組織飛虹盟計劃推翻中華民國被捕，判刑10年6個月（後來，減刑為6年8個月），在綠島服刑7年，自己戲稱是「火燒島大學畢業」。

出獄後打零工，在圖書館自修。1982年起陸續發表《世界史大辭典》、《臺灣歷史年表》等，一面在各大學社團及黨外據點談論臺灣歷史。他認為民進黨根本不是臺獨政黨，也不是本土政黨，民進黨與國民黨毫無差異，所以他從未加入民進黨；堅持以被壓迫的臺灣人為立足點書寫臺灣史及世界史。

著有《臺灣歷史辭典》、《臺灣歷史年表》、《歐洲社會主義運動史》、《托洛茨基傳》、《切‧格瓦拉傳：20世紀最後革命家》、《胡志明傳》、《毛蔣大決戰三部曲》等三十餘部；譯有黃文雄《締造臺灣的日本人》等。

（文／陳銘城）

楊碧川重返綠島監牢鐵門內。2007

楊碧川重返綠島監牢。2007

台灣作家一百年
原住民作家
100 YEARE OF
TAIWAN
WRITER

黃貴潮	浦忠成	馬紹・阿紀
陳英雄	夏曼・藍波安	利格拉樂・阿𡚤
伐依絲・牟固那那	根阿盛	董恕明
奧葳尼・卡勒盛	瓦歷斯・諾幹	李永松
阿道・巴辣夫	巴代	亞榮隆・撒可努
孫大川	里慕伊・阿紀	乜寇・索克魯曼
莫那能	啓明・拉瓦	沙力浪・達岌斯菲芝萊藍
卜衮	達德拉凡・伊苞	

認同政治與台灣原住民文學

2004年國家台灣文學館評選台灣新文學發展重大事件，經過大家熱烈的討論，「山海文化雜誌社創立與原住民文學運動」以全員同意的票數，獲選為十四個重要事件之一。對台灣原住民來說，這的確是件令人鼓舞的事，它等於是明白的承認：原住民「介入」台灣書寫世界，已經是一個無法迴避的「現實」！將近四百年的沉默與艱難，原住民終於能以第一人稱主體的身分說話，突破長期以來漢人獨白的台灣文化史觀。

1980年代前後，接受完整國家教育的原住民知識菁英，逐漸可以比較成熟的掌握漢語的使用；本土化的浪潮，也讓原住民找到介入台灣政治和文化心理的縫隙。原住民正名運動、還我土地運動、還我姓氏和還我母語運動，夾雜著原住民自治的訴求，逐一地跳上台灣民主化的議程和歷史舞台，成了台灣認同政治無法分割的一部分。事實證明，雖然只有短短的三十年，原住民文學無論在質或量的產出上，都有令人刮目相看的表現。潘小俠以他敏銳的社會觀察與歷史洞見，用鏡頭一一捕捉了鬥志昂揚的原住民「文字獵人」，就像他記錄白色恐怖受難者、社會運動事件、邊緣人群像和高砂義勇隊一樣，潘小俠用圖像填補文字難以表達的歷史臨場感，讓真實的作者從文字屏幕背後走出來，和我們面對面的相遇。

二十三位原住民作家中，阿美族的黃貴潮（Lifok Óteng）是最年長的，他的日記，從日語、ㄅㄆㄇㄈ、國語到羅馬族語拼音，見證了原住民文學語言經驗的所有歷程。排灣族的陳英雄(谷灣‧打鹿勒)、魯凱族的奧崴尼‧卡勒盛、布農族的卜袞和排灣族的亞榮隆‧撒可努，年齡雖有差距，但都是對傳統文化價值的闡揚者。阿美族的阿道‧巴辣夫，寫詩，也是一個身體展演的實踐者。排灣族的盲眼詩人莫那能和泰雅族的瓦歷斯‧諾幹，用不同的文學形式控訴、批判漢人社會的文化霸權與歷史偏見。鄒族的伐依絲‧牟固那那、泰雅族的里慕伊‧阿紀、排灣族的利格拉樂‧阿鴆和達德拉凡‧伊苞雖分屬不同的世代，關心的事物也有所不同，但她們都是創作力旺盛的原住民女性作家。達悟族夏曼‧藍波安的海、賽夏族根阿盛的神祕祭典、布農族乜寇‧索克魯曼和沙力浪的山，以及卑南族巴代的大部頭歷史小說等等，都一一呈現了原住民不同階段的歷史處境以及他(她)們對現實的回應與反省，內涵是多樣的。至於理論方面，卑南族的孫大川（Paelabang danapan）、董恕明，以及鄒族的浦忠成（巴蘇亞‧博伊哲努），也有相當的論述與開展。

監察院 副院長 *Paelabang danapan*

黃貴潮

Lifok Óteng（綠斧固·悟登）
阿美族·生於臺東縣

Lifok Óteng（漢名：黃貴潮）生於臺東縣成功鎮宜灣部落的阿美族人。一生從未受過正式教育，卻精通阿美族宜灣部落的語言、文化、音樂、巫術儀式，可說是宜灣部落的活字典及民間讀書人。從1951年開始，以日記體，間雜拼音、日語、漢語、阿美族語的形式不間斷的進行書寫的生活，卑南族文化人孫大川肯認Lifok Oteng的書寫是「對於沒有文字的原住民來說，任何隻字片語的紀錄，都像發光的燭火，照亮追溯祖先歷史的道路」。1983年，在日本友人的引介下認識中央研究院民族所劉斌雄教授，並進入民族所擔任研究助理，這個契機也改變黃貴潮的一生，讓他成為阿美族的文化的守護者。Lifok Óteng的一生就像他的名字所昭示的是「撿來的、死過一次的人」，但他從毀滅中走出來，用文學和音樂保存阿美族文化，他的堅毅就像寫日記的習慣一樣，六十三年來從不間斷。

（文／瓦歷斯·諾幹）

陳英雄

Quwan Taqur (谷灣‧打鹿勒)
排灣族‧生於臺東縣

Quwan Taqur（漢名：陳英雄），1941年出生於排灣族聚落的臺東縣大竹鄉大竹村，是家中第三子。1961年起服務警界，至1990年退休，曾經以流利的英語能力成為航警一員，在那個時代的臺灣原住民族人，一口流利的英語是極其罕見的。進入警界後，隔一年即執筆為文，1971年結集成冊出版《域外夢痕》一書（2003年再版，改名《旋風酋長——原住民的故事》），是臺灣第一本原住民小說。爾後在1991年出版自排灣族神話改編的短篇作品《難兄難弟》、2010年出版長篇小說《太陽神的子民》、2016年出版另一部長篇小說《排灣族祭師：谷娃娜》。作為一位原住民現代文學的先行者，Quwan Taqur踽踽獨行，30年內全無先行者，後缺奧援，這個現象反映出原住民文學環境的險惡，也更襯托出Quwan Taqur文學創作的難能可貴。　（文／瓦歷斯‧諾幹）

1942-
伐依絲·牟固那那

Faisu.Mukunana
鄒族，生於嘉義縣

Faisu.Mukunana（漢名：劉武香梅），1942年生於嘉義縣阿里山鄉樂野村鄒族聚落，曾任幼稚園教師、教會幹事。1965年與四川籍的先生結婚後，離開部落來到都市生活，成為盡職的家庭主婦，然而一顆貼近部落的心始終未能平息，以致於年近六十之齡開墾文字土地，2003年出版《親愛的Ak`i，請您不要生氣》、2017年出版《火焰中的祖宗容顏》，以小女孩童稚之眼，回憶童年與林野坡谷為伍、嘗遍新奇事物的歡快自在，也描繪著族人不理解的政治紛擾，無端將鄒族人捲入太平洋戰爭與白色恐怖，換來無數家庭破碎的時代悲劇。正如卑南族文化人孫大川說：「她的書寫，彌補了那個時代部落底層歷史的空白。」即以溫柔的姿態述說部落受外來政權、社會變遷與文化衝擊，孺慕之情與對原鄉的戀慕，令人動容。

（文／瓦歷斯·諾幹）

伐依絲·牟固那那
劉武香梅

奧崴尼·卡勒盛

Auvinni Kadreseng
魯凱族·生於屏東縣

Auvinni Kadreseng（漢名：邱金士），1945年生於屏東縣霧臺鄉舊好茶部落的魯凱聚落，畢業於三育基督學院企管系，服務教會多年；1990年重返故居，專心致力於魯凱文化之保存工作。前好茶史官 Lapagau·Dromalalhathe是Auvinni Kadreseng的舅公，跟從舅公，他學習了有關魯凱傳統歷史及禮儀的知識。1996年出版《雲豹的傳人》、2002年出版《野百合之歌》、2006年出版《神秘的消失——詩與散文的魯凱》、2015年出版《消失的國度》，是作者以親身體驗，用細膩綿密、批判又抒情的散文，書寫新好茶部落自遷移到消失的過程，因而，這也是一本既深情款款又寫實殘酷的血淚之書。可以說，Auvinni Kadreseng秉持著魯凱文化的熱情，以質樸的筆觸，真實地記述魯凱民族的的口述文化歷史。冀望藉此讓有心人了解魯凱文化的細微、動人之處，更盼能喚醒族人對這珍貴文化資產的熱愛。　（文／瓦歷斯·諾幹）

阿道·巴辣夫

Adaw Palaf（阿道·巴辣夫·冉而山）
阿美族，生於花蓮縣

Adaw Palaf（漢名：江顯道），1949年生於花蓮縣太巴塱（Tafalong）部落的阿美族聚落，臺灣大學夜間部外文系畢業。1991−1997年，為「原舞者」團員。1998年後，參與「差事劇團」、「阿桑劇團」、「漢古大唉劇場」、「都蘭山劇團」等，2012年回到太巴塱部落成立「冉而山劇場」，確立了創作方向。很難將Adaw Palaf放置在文學家的框架，他具有不平凡的靈魂，是真誠的放逐者，正如臺灣原住民文學罕見的詩劇──《路Lalan》，體例雖為戲劇，實則融合文獻資料、神話傳說與族人的生命歷程故事所創作的詩劇文體，是Adaw Palaf於劇場外以文學文字形式發揚阿美族口傳文學與神話故事的傳統。《路Lalan》的創作基於文化源於生活，也融入生活，生活是一切文化滋長的泉源，是生活美學家的具體呈現。　（文／瓦歷斯·諾幹）

1953-
孫大川

Paelabang Danapan（巴厄拉邦・德納班）
卑南族・生於臺東縣

生於臺東縣卑南鄉下賓朗部落的卑南族聚落。臺大中文系畢業，比利時魯汶大學漢學碩士。曾任行政院原住民族委員會主任委員，現任監察院副院長。1993年創辦「山海文化雜誌社」迄今，著有《久久酒一次》、《山海世界：臺灣原住民心靈世界的摹寫》、《夾縫中的族群建構：臺灣原住民的語言、文化與政治》。1991年《久久酒一次》出版，適值臺灣原住民文化復振運動，作者以其哲學的高度提出原住民文化是進入黑夜的「黃昏民族」概念，這是以「一個逐漸消失的民族，它存在的意義何在？」為命題，藉此思考反轉「黃昏」、「死亡」的意象。20年後，作者在「新航道」、「烽火臺」二卷增補了評論文章，始有《久久酒一次》復刻增訂版。豐富淵博的哲學素養，使其在深思原住民的困境及未來方向時，有著比別人更深沉的關懷與感受，情真意摯，值得細品。　（文／瓦歷斯・諾幹）

莫那能

Malieyafusi Monaneng（馬列雅弗斯‧莫那能）

排灣族‧生於臺東縣

馬列雅弗斯莫那能（Malieyafusi Monaneng），漢名：曾舜旺。1956年，出生於臺東縣達仁鄉安朔村，屬排灣族聚落的阿魯威部落，是家中長子。莫那能年輕時曾經考上空軍機械學校，因為視力問題而無法就讀。為了負擔家計，莫那能離開家鄉，到外地的大城市中工作，做過砂石工、捆工、搬運工、屍體清洗工。1978年開始罹患弱視，後來導致全盲，失明之後，仍堅持文字創作於不輟，以點字法，一針一點的將對原住民族的愛戀與關懷匯聚成一首首獷悍有力、感人至深的詩篇。1984年12月，莫那能與歌手胡德夫等人成立臺灣原住民權利促進會，莫那能擔任召集委員。莫那能的詩〈恢復我們的姓名〉即是為臺灣原住民權利促進會創作的。1989年8月，莫那能出版第一本臺灣原住民漢語現代詩詩集《美麗的稻穗》。2010年出版個人前傳《一個臺灣原住民的經驗》。

（文／瓦歷斯‧諾幹）

1956-
卜袞·伊斯瑪哈單·伊斯立瑞

Bukun Ismahasan Islituan
布農族·生於高雄縣

Bukun Ismahasan Islituan（漢名：林聖賢），1956年生於高雄縣三民鄉民權村的布農族聚落。國中教師退休後，致力於傳續布農語與布農文學的推動。他曾與伊斯瑪哈桑·達和（林太）、李文甦、曾思奇等合著《布農語構詞法研究》（2000，讀冊），並為高雄縣政府教育局編輯《高雄縣布農族語網頁教材》，在族語的研究、推廣方面，他有許多的實踐經驗。1999年出版布農語詩集《山棕月影》、2009年出版《卜袞雙語詩集——太陽迴旋的地方》，可以說Bukun的文學創作，是建立在他對自己族語的深刻掌握上，致力於族語文學之創作與實踐，可說是Bukun一生最重要的志業，也是他最大的貢獻之一。　　（文／瓦歷斯·諾幹）

Bukun. Ismahasan Islituan

卜袞·伊斯瑪哈單·伊斯立瑞

31 H. 12B. 2018

浦忠成

Pasuya Poiconu (巴蘇亞·博伊哲努)

鄒族·生於嘉義縣

Pasuya Poiconu（漢名：浦忠成），1957年生於嘉義縣阿里山鄉特富野部落的鄒族聚落，文化大學中國文學博士，曾任臺灣史前文化博物館館長、行政院原住民族委員會政務副主任委員、考試院考試委員，現任東華大學原住民民族學院院長。專長原住民族神話研究、民間文學研究等，著有多本文化、神話、口傳文學著作。特別是《臺灣原住民族文學史綱》，是一本臺灣原住民族文學民族誌的鉅著，論述的廣度、深度，無出其右。更重要的是，史觀及其哲學乃是站穩臺灣土地、本土、本色，是作者獻給臺灣原住民族的禮物，也是讓所謂「臺灣文學」知所警惕的文學論述。

全書暢論原住民族文學的過去、現在與未來，檢討過去、梳理現在、用以展望未來——是透過這部文學史綱，讓臺灣多元族群能以文學的脈絡彼此理解、欣賞、珍重。　（文／瓦歷斯·諾幹）

pasu'e poiconu

浦忠成

夏曼・藍波安

Syaman Rapongan
達悟族・生於臺東縣

Syaman Rapongan（漢名：施努來），1957年生於臺東縣蘭嶼鄉達悟族紅頭部落。淡江大學法文系畢業後留在臺灣北部工作，開過計程車謀生。他曾經滿懷理想抱負前往臺灣本島，但是，在1989年，他回到自己出生的地方，重新學習成為一位知山知海的達悟族人。自1992年出版第一本書《八代灣的神話》起，直到2018年的《大海之眼：Mata nu Wawa》，已經出版了11本文學創作。作為臺灣原住民的海洋民族，Syaman Rapongan的創作在在顯現海洋哲學、生活美學與民族反思的輝耀光芒，可以說是華語世界中最美、走得最遠、活的最精彩的海洋文學著作。他的作品是從真實生活中建構的文學世界，以深情的文字表達出臺灣原住民的文化該何去何從？並展現出達悟族的內在精神和面對大自然的崇敬態度。曾獲第二十一屆吳魯芹散文獎、2017年第四十屆吳三連文學獎。

（文／瓦歷斯・諾幹）

根阿盛

`itih.ata:os (伊替・達歐索)
賽夏族,生於苗栗縣

`itih.ata:os (漢名:根阿盛),1957年生於苗栗縣南庄鄉蓬萊村巴卡山部落的賽夏族聚落。早年經商,壯年之後關注賽夏文化與賽夏同鄉會。2008年出版第一本作品《巴卡山傳說與故事》,也是第一本有關賽夏族的新詩、散文、文化演譯的創作集,透過述說與再詮釋賽夏族神話傳說與生活信仰,藉以尋求並延續族群生命價值。特別是對「矮靈祭」的記錄與活化詮釋,傳達了「巴斯達隘」祭典深邃與細膩的體悟,是理解神秘賽夏族的第一手文學作品。`itih.ata:os,苗栗南庄巴卡山部落賽夏族人,如同戰後的原住民,伊替・達歐索將流離、困頓的都市生活經驗,反映在其創作中。

(文/瓦歷斯・諾幹)

1961-

瓦歷斯·諾幹

Walis Nokan
泰雅族，生於臺中縣

Walis Nokan（漢名：吳俊傑），1961年生於臺中市和平區Mihu部落的泰雅族聚落，臺中師專畢業，其後擔任國小教師達33年，2014年於部落小學退休。1990年代開始創辦原住民文化刊物《獵人文化》和成立「臺灣原住民人文研究中心」。作品涵蓋詩、散文、小說、評論、報導文學，並兼及文字字源學，是一位多方位書寫的作家。其作品往復於歷史與當代，由臺灣與世界的對比，將泰雅傳說與異國故事雜揉，數十年的田野調查、閱讀筆記與旅行追索，轉化為出入時空的創作，將一幅一幅殘破世界的地圖展示在讀者面前，為了最終的和解，只能不斷書寫，讓每一則為了自由與尊嚴的故事得到記憶與關注。（文／瓦歷斯·諾幹）

1962-
巴代

Badai

卑南族，生於臺東縣

Badai（漢名：林二郎），1962年生於臺東縣卑南鄉大巴六九部落的卑南族聚落。1984年起任海軍陸戰隊中尉職，1995年轉任高中教官，2006年軍職中校退伍後，即研讀臺灣文化研究所課程，並大量發表文學創作，從2007年出版第一本長篇小說《笛鸛——大巴六九部落之大正年間》後，至2018年出版《野韻》止，計出版了十部長篇小說，可謂創作驚人。短篇小說主要關懷原住民族在現代社會的適應，長篇小說則以族群歷史、文化作為創作素材，作品的特色具濃厚的歷史現場感，豐富的文化意象與細膩的戰爭情緒，作品有極高的辨識度。尤長於撰寫出生地大巴六九部落故事，無論是古時巫術文化、日治時期大河小說，甚至部落老兵的傳記等，讓人跟著文字再回到過去的部落舊時光。曾獲2013年第三十六屆吳三連文學獎。　（文／瓦歷斯‧諾幹）

1962-
里慕伊·阿紀

Rimuy Aki
泰雅族,生於新竹縣

Rimuy Aki(漢名:曾修媚),1962年生於新竹縣尖石鄉嘉樂村葛拉拜部落的泰雅聚落,曾任幼稚園園長,現為泰雅族族語教師,以傳承母語為職志。2001年出版散文集《山野笛聲》、2010年長篇小說《山櫻花的故事》、2014年出版《懷鄉》,並有部落故事採集繪本書《彩虹橋的審判》。里慕伊·阿紀作品的主題面向,包括山／城之間的身體移動、記憶流動,對原住民面臨都市發展所遭遇的窘境之反思,對兒童教育問題的思考等社會關懷,面向明確而清新、溫馨、幽默、生活化的風格,則是她的文學特質。Rimuy Aki,以女性的觀點詮釋,貫穿生活的題材,透過貧富的差異和比較以及時代的變遷,讓我們清楚感受弱勢族群裡女性角色更加晦暗地卑微成長。 (文／瓦歷斯·諾幹)

啟明·拉瓦

泰雅族·生於臺中

啟明·拉瓦（漢名：趙啟明），1964年生於臺中，族群認同為南投縣仁愛鄉發祥村紅香部落，任職於國立自然科學博物館，從事人類學考古研究。文學創作主要以報導文學為主，2002年出版《重返舊部落》、2005年出版《我在部落的族人們》、2008年出版《移動的旅程》。作為二分之一泰雅血統的啟明·拉瓦，認同之路走來辛苦，在不斷「我是誰」的自我扣問中，以十多年的時間走訪各部落，重新認識臺灣原住民族以及自我身分。這期間累積的觀察與體會，使得啟明·拉瓦懷抱族群關懷，展開批判性、文學性、社會性的報導文學書寫，記錄了部落中傳統與現代之間的衝突與對話。關切的書寫議題：一、原住民改宗的案例訪察，從中探討傳統祭儀和基督宗教受容的張力。二、原住民環境保護與生態智慧之作為。

（文／瓦歷斯·諾幹）

1967–
達德拉凡·伊苞

Dadelavan Ibau
排灣族·生於屏東縣

Dadelavan Ibau（漢名：塗玉鳳），1967年生於屏東縣瑪家鄉青山部落的排灣族聚落，畢業於花蓮玉山神學院，曾任中央研究院民族所研究助理，投入排灣文化研究，後加入優劇場（優人神鼓前身），從事劇場表演工作。2004年出版散文集《老鷹，再見——一位排灣女子的藏西之旅》。這是一本生死之書，是一本以神話故事串接的生死之書。全文的精神意底即是書寫生死，生死的故事像風一般不期然的掩至，生死的故事像轉山圍繞著卓馬拉山，「離別是死亡的其中一個面孔」，而「轉山」就是讓一個人的野心變得謙恭，只有懂得了謙恭，小小的方寸才能豁達廣闊，才能納百川，然後，有能力「放下」。全書將西藏與排灣認同放在一起寫，更加開啟了一個跨族群對話的書寫樣式。　（文／瓦歷斯·諾幹）

Djadjelavan ibau
伊苞

1968-
馬紹·阿紀

Masao Aki
泰雅族，生於新竹縣

Masao Aki（漢名：曾一佳），1968年生於新竹縣尖石鄉嘉樂村葛拉拜部落的泰雅聚落。明志工專電機科畢業，曾擔任公共電視新聞部記者、公視「原住民新聞雜誌」主播、公廣集團原住民族電視臺臺長，現為世新大學助理教授、財團法人光啟社社長。1999年出版散文集《泰雅人的七家灣溪》，以冷靜平和的筆調紀錄對歷史、社會的觀察與思考。2016年出版小說《記憶洄游——泰雅在呼喚1935》，全文穿梭在當代與日治時期的泰雅族部落，空間跨越臺灣抵日本北海道。Masao Aki寫下自己的親族，寫每個曾與自己相遇的族人身影，細細反省原住民族在國家政權下流失土地、在泰雅規範和現實生活之間掙扎以及種種難以逃脫的宿命與困境。

（文／瓦歷斯·諾幹）

利格拉樂·阿𡠋

Liglav A-wu
排灣族，生於屏東縣

Liglav A-wu（漢名：高振蕙），1969年生於屏東左營眷村，母親是屏東縣來義鄉布朱努克部落排灣族人，現任職於原住民族電視台。作為「一胞半」（原漢父母親血液各半）文學書寫，在千禧年後隨著多元文化論述有著益加重要的份量，Liglav A-wu即交織於原住民、女性、漢族老兵三重邊緣身分，使得她的創作成為文學研究者關注的焦點。

《祖靈遺忘的孩子》精選散文作品《誰來穿我織的美麗衣裳》、《紅嘴巴的vuvu》、《穆莉淡Mulidan：部落手札》相關篇章與近年新作，以母系認同為核心，自個人生命經驗出發，開展對臺灣殖民歷史、族群與父權體制的文學反思，值得細讀與深思。

（文／瓦歷斯·諾幹）

董恕明

卑南族·生於臺東縣

董恕明，1971年生於臺東縣卑南鄉下賓朗部落的卑南聚落，父親是浙江紹興人，母親是臺東卑南族人。東海大學中文研究所博士，2003年夏天，返回臺東，任教於臺東大學華語文學系迄今。博碩士論文《大陸新時期（1979－1989）小說中知識分子的處境與抉擇》、《邊緣主體的建構－臺灣當代原住民文學研究》，關注知識分子的身分認同與原住民文學研究。2007年、2012年出版兩部現代詩集《紀念品》與《纏來纏去》。董恕明的詩風可以說是極度自由的「散文詩」體，描摹山河雲樹、兼容神佛的宇宙觀、在紛擾的族群議題轉化為人間幽默，天馬行空與恣意跳躍的聯想，顯示出其別於嚴肅文學研究的率性之情。（文／瓦歷斯·諾幹）

李永松

Temu Ayan（得木·阿漾）
泰雅族，生於桃園縣

Temu Ayan（漢名：李永松），1972年生於原桃園縣復興鄉奎輝村泰雅族聚落，目前任教於桃園市大興高中。2002年自費出版《北橫多馬斯》，收錄散文與短篇小說。其後，創作爆發，2006年《雪國再見》是臺灣文學獎長篇小說推薦獎作品。在網路寫作平臺〔鏡文學〕發表《異空間飛行》，挪用了歷史穿越的技巧，以虛實交錯的敘事手法，還原當年原住民族與日本帝國激烈交戰的悲壯。我認為Temu Ayan在《雪國再見》獲獎感言的一句話最能表現他之所以寫作的核心：「療傷止痛也許是我這一輩最大的使命，漸漸的慢慢的積極的走出歷史的陰霾，從強勢族群的夾縫中找尋一絲絲曙光，建構出族群的主體意識，說不定這個時代是原住民族再生的時代。」

（文／瓦歷斯·諾幹）

多馬斯

李永松

亞榮隆・撒可努

Sakinu Yalonglong
排灣族・生於臺東縣

Sakinu Yalonglong（漢名：高志強），1972年生於臺東縣太麻里鄉香蘭部落排灣族聚落。專職森林警察的Sakinu Yalonglong，長年以原住民作家身分活躍於文化圈，二十多年來，他以排灣文化為信仰，除了回到故鄉，成立部落青年會，也開獵人學校之先聲，嘗試走出一條新路。1998年出版第一本散文著作《山豬・飛鼠・撒可努》，透過童年記憶的追索，思索文化與身分認同的糾葛，最終肯認排灣文化為其信仰。2002年出版《走風的人》、2011年出版《外公的海》，在獵人哲學的氣息薰染下，處處得見作者意欲傳述的山林情感，哲學思惟的詞句暗藏機鋒，有如迷霧森林裡獵人埋下的陷阱。全書的氣息也就在「獵人哲學」的大自然智慧中渲染成篇，成為令人思索的命題，這種與山相處的自然之道，不啻是臺灣社會所欠缺的環境哲學！（文／瓦歷斯・諾幹）

乜寇・索克魯曼

Neqou Soqluman
布農族・生於南投縣

Neqou Soqluman（漢名：全振榮），1975年出生於南投縣信義鄉望鄉部落的布農族聚落。2003年，Neqou Soqluman從長老教會聖經書院畢業之後，與族人共同設立「東谷沙飛之子」高山嚮導聯盟，試圖找回布農人失落的聖山詮釋權及傳統領域記憶，在細膩而繁複的田野調查、傳統文化的學習、一步一腳印的實地攀越東谷沙飛，我以為是這樣的親炙土地讓Neqou Soqluman厚實文化自信，並次地構築文化主體性。Neqou Soqluman，從民族的語言詩歌入手，將一個地方、一個民族被埋藏的生活挖掘起來。當個人族群的界線在後現代的今日變得朦朦朧朧之際，以詩歌洞察民族的文化、家人的情感、對人的思念，也都在Tongku Saveq(東谷沙飛)群山的俯瞰下有了具體的回應。 （文／瓦歷斯・諾幹）

沙力浪·達岌斯菲芝萊藍

Salizan Takisvilainan
布農族·生於花蓮縣

Salizan Takisvilainan（漢名：趙聰義），1981年生於花蓮縣卓溪鄉太平村中平部落的布農族聚落。畢業於元智大學中文系、東華大學民族發展所，曾在卓溪國小擔任民族教育支援教師，現為向陽山屋管理員。延續著第一本詩集《笛娜的話》（2010）有關傳統文化的思考，布農詩人沙力浪的第二本詩集《部落的燈火》（2013），更是開展出多元異質的題材，一首又一首的詩歌，宛如一把把磨利的箭矢閃現在中央山脈的深處，那箭矢是擦拭了催迫人心的、致命的黑色幽默。2014年出版《祖屋地·部落·人》，是散文與詩的合集。

「我以為我很會說話，但是一張開口，才發現說的全是別人的話。於是，我重拾笛娜的話，用媽媽的話寫出一首又一首的詩，我要用最簡單的語言尋回自己，尋回那被人遺忘的、我的族群的，聲音。」這句話，總結了Salizan Takisvilainan的文學核心。

（文／瓦歷斯·諾幹）

潘小俠創作經歷簡介

1954 出生台北

1986 - 1995 任自立晚報攝影記者，發表「艋舺、醉巡」攝影創作系列

1990 「看見與告別」九人聯展（台北誠品藝文空間-美國舊金山眼睛畫廊展出）

1993 首次繪畫個展「豆腐板創作記事」（台北尊嚴畫廊展出）

1993 「看見淡水河」三代攝影作品展（法國文化中心）

1996 - 1997 任台北市二二八紀念館攝影組

1997 部落之行影像首次個展（台北攝影藝廊展出）

2002 拍攝高砂義勇隊「不知為誰而戰」影像故事紀錄片58分鐘公共電視台播出

2003 拍攝「部落最後印記─紋面pat san」紀錄片

2005 出版與展覽「台灣美術家一百年（1905~2005）」攝影展（文建會展出）

2006 出版與展覽「蘭嶼紀事」紀實攝影展（台北華山文化園區展覽）

2007 綠島人權國際藝術家創作營參展藝術家，綠島人權紀實影像攝影展（綠島綠洲山莊監獄展出）

2009 出版與展覽「白色烙印 1949~2009 人權影像」紀實攝影創作（景美人權園區與國立台灣文學館展出）

2011 紀錄片八八颱災「回家的夢」於原住民新聞台播出

2012 舉辦「二二八見證者紀實影像展」（台北國家二二八紀念館展）

2013 參與聯展「台灣1980 年代現代性佈署：當空間變成事件」（高雄市立美術館展出）

2013 參與聯展「花花：世界」，展出作品：紋身系列之一至五（台北市立美術館展出）

2013 「部落・相遇・30年─我的原住民朋友們」潘小俠油畫首展（台北東家畫廊暨順益台灣原住民博物館展出）

2015 「見證二二八」攝影書藉─出版與展覽（二二八國家紀念出版）

2016 「見證二二八」展覽（高雄市立歷史博物館）（台南市立吳園文化館）

2016 「潘小俠 鏡頭下台灣美術家一百年 1905-2017」（高雄市政府文化中心）

2017 「艋舺─醉巡系列」聯展「微光闇影」（臺北市立美術館展出）

2017 榮獲「吳三連獎」藝術獎（影像類）

2018 參與聯展「回望」「蘭嶼記事」（國立台灣美術館）（日本清里寫真館）

2019 「紀念鄭南榕與詹益樺自焚30週年」潘小俠攝影個展（鄭南榕紀念館）

   （嘉義 二二八紀念館）（台北市二二八紀念館）

2020 「台灣作家一百年 1920-2020 潘小俠攝影造像簿」出版與展覽

國家圖書館出版品預行編目資料

台灣作家一百年1920-2020：潘小俠攝影造像簿
100 Yeare Of Taiwan Writer 1920-2020 Pan Hsiao Hsia；
林文義・陳銘城・莫渝・瓦歷斯.諾幹 等文字撰寫.
面：27.5×29公分
ISBN 978-986-93774-5-4（精裝）

1.作家 2.照片集 3.臺灣傳記

783.31   109004546

台灣作家一百年1920-2020 潘小俠攝影造像簿
100 Yeare Of Taiwan Writer 1920-2020 By Pan Hsiao Hsia
潘小俠◎策劃・攝影

作　　　者　潘小俠
策劃・攝影　潘小俠
文字撰寫　林文義・莫渝・陳銘城・莊華堂・葉益青
　　　　　　瓦歷斯.諾幹・邱奕嵩・潘小俠
總　編　輯　陳敬介
美術設計　石朝旭
出　　　版　讀冊文化事業有限公司
　　　　　　新北市新店區安和路三段25號5樓
　　　　　　0955-612-109
　　　　　　E-mail：ccchen5@pu.edu.tw
製版印刷　映鈞彩色印刷有限公司
出版日期　2020年4月初版
贊助單位　國｜藝｜會
　　　　　　NCAF
定　　　價　新台幣1800元

ISBN 978-986-93774-5-4（精裝）